나는 예배하는 춤꾼입니다

나는 예배하는 춤꾼입니다

발행일	2023년 4월 6일

지은이	최지연		
펴낸이	손형국		
펴낸곳	(주)북랩		
편집인	선일영	편집	정두철, 배진용, 윤용민, 김부경, 김다빈
디자인	이현수, 김민하, 김영주, 안유경, 한수희	제작	박기성, 황동현, 구성우, 배상진
마케팅	김회란, 박진관		
출판등록	2004. 12. 1(제2012-000051호)		
주소	서울특별시 금천구 가산디지털 1로 168, 우림라이온스밸리 B동 B113~114호, C동 B101호		
홈페이지	www.book.co.kr		
전화번호	(02)2026-5777	팩스	(02)3159-9637

ISBN	979-11-6836-814-9 03230 (종이책)	979-11-6836-815-6 05230 (전자책)

교회에서 하나님을 찬양하는
예배 무용의 모든 것

나는
예배하는
춤꾼입니다

최지연 지음

교회 문화의 발전을 이끌어 줄
제2의 부흥기

예술적인 몸짓으로
예배의 또 다른 이름을 깨우친다

 북랩

들 어 가 며

사람들은 무용이 어렵다고 말한다. 우리가 평소 걷는 걸음, 움직이는 행동 하나하나가 무용이 될 수 있다. 간단한 손 유희의 율동부터 예배에서 은혜를 받아 손을 들거나 박수를 치는 행동 역시 넓게 보면 기독교 무용이라고 할 수 있는데, 예배에 쓰이는 무용이라고 반드시 어려운 테크닉과 예술성 높은 동작들로 이루어질 필요는 없다.

나는 교회에서 찬양단의 리더로 찬양 예배 때 율동 담당자를 앞에 세워 찬양단과 회중이 함께할 수 있는 쉽고 간단한 율동을 하고 있다. 처음엔 따라 할까 말까 어색해하시면서 조금씩 따라 하시더니 지금은 율동 담당자가 앞에 나오면 너무나 좋아하시며 율동을 따라 하신다.

예배가 끝나고 교회 문을 나가시면서도 입으로 흥얼흥얼 찬양을 부르고 율동을 하시면서 집에 가는 모습을 많이 본다. 율동 시 회중들의 참여도와 기다림, 오늘은 어떤 찬양 율동을 할까 하는 기대감이 예배를 더욱 집중하게 만들고 풍성하게 한다.

척박한 한국 교회 문화에서 '찬양'의 힘이 교회 부흥을 이끌었듯, 나는 앞으로 기독교 무용이 교회 문화의 발전과 제2의 부흥기를 이끌 거라 감히 믿고 있다. 하지만 이를 위해서는 누군가 나팔수가 되어 세상의 목회자와 성도를 일깨워야 한다. 어느 날 홀연히 세상에 다시 오실 예수님을 기다리는 신부들처럼.

부족한 이 책이 그런 마중물 역할을 할 수 있다면 더없이 기쁘겠다. 먼저 한없이 작고 미약한 나를 태초부터 계획하시고 사명자로 불러 주신 하나님께 감사와 영광을 돌린다. 그리고 무용의 길을 갈 수 있도록 이끌어 주시고 부족한 딸을 위해 지금도 끊임없이 기도하시는 어머니와 이 책이 세상에 나올 수 있도록 도움을 주신 평택성민교회 최충원 목사님과 교회 성도님들 그리고 나를 믿어 주고 지지해 주는 분들에게 감사를 전한다.

2023년 봄의 문턱에서
저자 최지연

CONTENTS

CHAPTER 1
교회 무용이라는 사명을 얻다

CHAPTER 2
어떻게 교회 문화 예술로서
무용을 전파할 것인가

LAST WORD

마지막 제언 – 교회가 살아나려면…

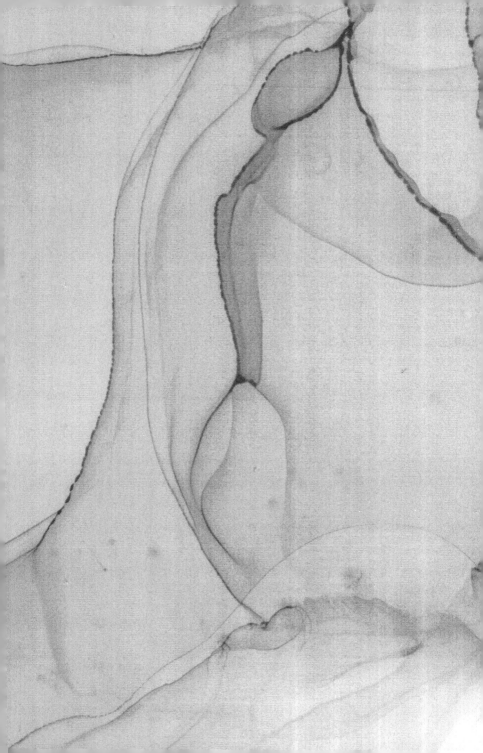

CHAPTER 1

교회 무용이라는
사명을 얻다

교회에
혁신의 불을 지피기 위해

...

우리 한국 교회는 여전히 개혁이 필요한 부분이 많다. 곳곳에서는 종교 개혁 500주년이라고 하지만 언론을 통해 보여지는 교회의 모습은 그 자체가 개혁의 대상으로 여겨지고 있는 실정이다.

겉으로는 교회와 신도 수가 많아져 성장한 것처럼 보이지만 오늘날 한국 교회의 사회적 영향력은 예전에 비해 많이 약해진 것이 사실이다.

우리의 기독교 문화는 부흥했는가?

기독교가 국내에 빠르게 전파되고 한국 교회가 부흥하던 수십 년 전과 비교하면 이제 교회의 수준이 성숙기에 돌입해야 함에도 불구하고, 여전히 우리는 제자리걸음을 하고 있는 것처럼 보인다. 특히나 기독교 문화 예술의 영역에서 이 점이 더욱 크게 느껴지고 있다.

이것은 경쟁과 분열 중심의 교회 문화 때문이라 생각한다. 그리고 이렇게 성장 위주의 권위주의밖에 자리 잡지 못한 이유가 바로 '문화 예술의 부재'라고 감히 말하고 싶다. 건물은 크고 신도는 많아도 아직까지는 한국 사회를 이끌 정도로 문화적 의미를 만들어 내지 못하고 있는 것이다.

문화사역의 역사

한국에서는 1990년대부터 21세기 초반까지 '문화사역'이라는 용어가 쓰였다. 특히 교회 학교 중심으로 이 개념이 빈번하게 쓰였다. 이것은 교회 내부의 구성원에게 기독교의 진리를 쉽게 이해하기 위한 활동을 뜻하기도 하고, CCM 사역자들의 문화 활동을 뜻하는 것이기도 하다. 그런데 어찌 보면 이런 문화사역이 목회와 접목되지 않는 별도의 행사처럼 다뤄져 왔던 것도 사실이다.

한국의 70~80년대는 가난했던 시절이었기에 지금과 같은 문화생활을 즐길 곳도, 즐길 수조차 없었다. 대부분의 어린이들은 교회에 가면 과자를 먹고 노래를 배우고 율동을 배울 수 있었다.

부활절엔 계란을 먹을 수 있었고 추수 감사절이나 성탄절엔 먹거리뿐만 아니라 문화 공연을 교회에서 보고 즐길 수 있었다. 하루하루 끼니를 걱정하며 쉴 새 없이 일하던 비그리스도인 어른들도 이런 행사가 있는 날은 교회에 와서 함께 즐기는 지역 축제가 되었다.

2박 3일 정도 행해지는 여름 성경 학교는 교회에서 어린이들을 위한 가장 큰 행사였다. 매 주일 교회에 출석해서 받은 달란트와 성경 암송이나 전도 등을 통해 받은 달란트를 모아 여름 성경 학교 때 열리는 달란트 시장에서는 어린이들이 필요한 학용품을 마음껏 살 수 있었으며 인형극은 성경의 인물, 사건 등을 재미나게 이야기해 주는 특별한 공연이었다. 또한 찬양을 부르며 따라 하는 간단한 율동은 에너지가 넘치는 어린이들에겐 그 어떤 놀이보다 신나고 재미있는 시간이기도 했다.

어린이들에게 여름 성경 학교가 있었다면 청소년들에게는 찬양과 시 낭독, 악기 연주 등을 공연하는 문학의 밤이 있었다.

하지만 이외에 교회의 담임 목회자가 주도하고 이끄는 목

회 문화가 그동안의 한국 교회에는 사실상 없었다고 해도 과
언이 아니다.

"문화가 뭐 그리 중요한가요."

어떤 목회자는 그렇게 말할 수 있다. 하지만 신학자 틸리히
의 말처럼 기독교라는 종교는 그 자체가 문화의 실체이고, 문
화는 종교의 형식이다. 복음과 문화는 떼려야 뗄 수 없는 관
계에 있는 것이다.

복음은 문화를 통해 전파된다

복음이 전파되는 형식 자체가 문화를 통해서만 가능하다.
목회자가 말씀을 전하는 것, 찬양과 예배를 드리는 것 자체
가 바로 문화인 것이다. 문화와 복음이 무관하다고 하는 것
은 잘못된 생각이다.
나아가 이렇게 복음이 문화를 통해 표현되는 것은 믿지 않
는 자를 구원하는 선교와도 연결된다. 세상에 문화를 통해

알려지지 못하는 복음이 어떤 의미가 있을까.

교회가 세상에 복음을 전해야 할 사명이 있다면, 더욱이 세상의 변화에 민감하게 반응해서 복음을 더 잘 전하는 방법을 찾아야만 한다. 그래야, 한국 교회가 살아날 수 있다.

현대 문화와
기독교 문화의 차이

...

우리가 보통 현대 문화라고 부르는 분야는 음악과 미술, 연극, 문학, 조각, 무용 등이 있다. 이 중에서 음악은 최근 한국 개신교 예배의 중심에 선 화두다. 대다수 기성 교회는 주일 예배에서 서구 교회가 소개한 고전 음악을 토대로 한 성가곡을 예배 찬송으로 사용하고 있으며, 비교적 최근에는 많은 교회에서 대중음악을 토대로 한 복음 송이나 CCM이 사용되고 있다. 기성 교회의 경우에도 청소년, 청년을 대상으로 한 예배나 찬양 예배에서 주요 찬양으로 자리를 잡은 상태다.

그러나 이 논의에서 그동안 항상 논란이 되어 온 것은 과연 복음 송이나 CCM이 어디까지 대중문화의 형식을 받아들여야 할 것이냐는 것이다. 랩이나 춤도 CCM이 될 수 있을까? 경배와 찬양이 주일 오전 예배 시간 중에 나와도 될까? 혹은 일반 CCM 콘서트와 예배의 차이가 무엇인가? 등의 질문이 제기될 수 있는 것이다.

나는 기독교 무용을 전공한 사람이라 음악과 무용을 예배의 요소로 사용하는 것에 사명을 갖고 있다. 어떤 사람은

CCM을 예배에서 사용하는 것을 반대하기도 하는데, 나는 CCM이 예배에서도 적합하다고 생각한다. 그러나 예배 전체에 찬송가를 빼고 CCM이 그 자리를 대신해서는 안 된다. 또 예배에 CCM을 사용할 때는 가사를 잘 분별하여 사용해야 한다.

무용의 경우 설교 전이나 후에 잘 준비된 무용이나 약간의 연극적 형태로 하는 무용극도 괜찮다. 예배를 시작할 때 입례 형태로 하는 교회에서는 무용수가 그 서두를 이끌 수 있다. 어떤 찬양으로 어떻게 접목하느냐에 따라 예배의 의미가 달라질 수 있으니 각 교회의 상황에 맞게 시도해 보면 좋겠다.

주일 예배, 더욱더 달라질 수 있다

나는 주일 예배에서 무용을 선뜻 도입하지 못하고 고민하는 목회자들을 많이 봐 왔다. 이분들은 기존의 목회 방식에 변화와 발전을 가져와야 한다는 건 알지만, 기존 성도들의 반발과 목회의 눈치를 보면서 새로운 시도를 주저하는 경우가 많다.

이런 경우 나는 어린이 주일, 헌신 예배, 절기 예배 등을 활용해 각 세대가 자신들이 표현하고자 하는 바를 간단한 동작이나 무용극 등으로 표현하도록 기획하는 것을 제안한다. 무엇이든 변화는 급격한 것보다는 자연스러운 것이 좋다.

어린이 주일이라면 어린이 문화를 반영한 예배실 분위기와 안내 위원들 복장을 밝은 색상과 하트 머리띠 등으로 변화를 주어 보자. 청년부 헌신 예배이면 청년들이 안내를 맡고, 성서 봉독을 하거나 드라마 형식으로 낭독할 수도 있다.

그런데 문화는 예배에 정확히 어떤 도움이 될까? 문화라고 하면 추상적 관점으로 단순히 즐거운 행사 정도로만 이해하는 사람들도 있다. 하지만 문화는 현대 예배에서 중요한 커뮤니케이션 수단이 된다.

그 이유는 크게 다음과 같다.

첫째, 문화는 예배에서 공동체 의식을 키워 준다는 것이다.

보통 우리가 세상에서 알고 있는 공동체는 성별이나 특정 계급 등으로 뭉친 집단주의인 경우가 많다. 반면, 예배에서는 문화라는 도구를 통해서 이러한 분열이나 고립, 장애물들을 제거할 수 있다.

둘째, 문화를 통해 회중의 적극적인 예배 참여가 가능하다.

오늘날 세상 문화는 더 이상 기존의 권위주의 문화를 인정하지 않는다. 강사나 리더가 일방적으로 주입식으로 전하는 메시지를 받아들이는 게 아니라 청중이 적극적, 자발적으로 참여하는 쌍방향 커뮤니케이션이 특징이다.

예배에서의 문화 또한 회중이 능동적으로 참여해서 각자의 달란트와 사명을 깨닫게 해 주는 역할을 한다.

기독교 문화를 세상에서 구출하는 법

일부 학자들은 예배에서의 문화적 요소가 회중의 예배를 풍요롭게 해 주는 요소라고 강조한다. 특히 상상력의 경우 회중이 예배를 우주적 차원에서, 예수님과의 만남을 실감 나게 하는 도구가 되기도 한다.

물론 문화라는 도구를 세상에서 가져올 때는 분명히 주의해야 할 점들이 있다.

어떤 세상 문화는 저급하고 성스럽지 않아 그 자체가 하나님께 불경스러운 경우가 있다. 조잡하거나 무질서하고 서투른 세상 문화들을 간혹 예배 인도자가 예배를 활력 있게 이

끌기 위해서라는 이유로 이런 문화의 형태를 그대로 끌고 들어오는 경우도 있는데, 이는 바람직하지 않다.

두 번째는, 현대 문화에는 항상 개인주의적 요소가 있기 때문에 이를 경계해야 한다. 포스트모더니즘의 특징 중 하나인 '다원성'이라는 환경의 특징은 개인의 즐거움과 자유를 강조하는 것인데, 이는 예배 문화가 지향하는 바와는 다르다.

예배 문화는 참여와 공동체 의식을 강조한다. 오늘날 예배에서 회중은 믿음을 표현하는 데 있어 각자 개인의 표현 방식을 따르는데, 예를 들면 찬양을 하다가 손을 든다든가, 일어서서 찬양을 하는 모습 등의 경우는 적극적인 예배 참여와 자발성 측면에서 바람직하나 예배가 공동체의 믿음을 표현하는 것이라는 점에서 보면 공동체의 예배 분위기를 해치지 않는 정도의 절제도 필요하다.

특히 현대 예배에서 있어서 마치 콘서트장이나 축제에서 느끼듯 감동을 느끼려고 하는 것은 경계해야 한다. 예배는 은혜를 받는 자리지 단순히 감동을 얻기 위해 참여하는 이벤트가 아니다.

이런 점을 극복하려면 예배 참여자 전체가 공감하고 인정하면서 자연스럽게 예배에 참여할 수 있도록 자리를 만들어 주는 것이 중요하다.

마지막으로 현대의 소비 주의 문화를 경계할 필요가 있다. 현대 문화가 비록 창의적이고 예술적이라고 하더라도 이것이 소비 주의를 합리화하는 도구가 되어서는 안 된다.

특히 예배 문화의 요소가 비싸거나 돈이 많이 들어야 한다는 생각이 여기에 속한다. 앞서 언급한 것처럼 예배 문화가 저급하거나 서툴지 않으려면 많은 돈이 필요하다고 생각할 수 있지만 이는 사실이 아니다. 자칫 이런 식의 생각은 물질을 우상으로 삼고 탐욕을 조장하는 소비 주의를 부추길 수 있다.

어떻게 예배를
문화 신학적으로
접근할 것인가

...

혼히 "문화 시대의 꽃은 문화 콘텐츠이다"라는 말이 있다. 현재는 유튜브나 SNS를 통해 이미 문화 콘텐츠가 대중의 트렌드를 좌우하는 요소가 되었다. 마찬가지로 우리 기독교 영역 안에서 문화 목회를 실천하기 위해서는, 이러한 현대인들의 문화적인 감수성에 어울리는 기독교 문화 콘텐츠를 만드는 일이 중요해졌다.

예배의 위기를 걱정하다

만약 이러한 점을 놓치고 기존의 방식만 계속 고집한다면, 이는 곧 예배의 위기로 이어질 것이 우려된다. 교회는 언제나 변함없는 복음의 진리를 전해야 하지만, 그것은 또한 시대에 어울리는 문화 형식으로 담아내야만 한다.

기독교는 상징의 문화다. 어둠, 빛, 죽음과 부활을 다루는 성경의 이야기는 진리를 실제적으로 표상해 주는 여러 예배 문화들로 표현된다.

이 때문에 예배 안에 있는 상징물은 예배에 있어 매우 중요한 요소들이다. 우리가 무심코 보는 단상이나 헌금함, 십자가의 의미는 생각보다 많은 영향을 주고 있다.

미국 장로교 실천 신학자 제인 밴은 예배 안에 있는 상징물은 예배에 있어서 중요하다면서 우리 모두가 그것을 주의 깊게 평가해야 한다고 강조했다.

원래 초기 기독교 예배가 가지고 있던 상징들은 중세 시대로 넘어오며 의미와 기능이 왜곡된 것이 사실인데, 이는 종교개혁 시대를 지나면서 비언어적 요소를 불신하게 되고 나아가 상징과 의례를 배제시키는 결과를 만들고 말았다.

예배의 상징이 사라진 시대

특히 오늘날 개신 교회는 초대 교회의 유산이라고 할 수 있는 예배와 예식의 상징을 많이 잃어버린 상태다.

많은 분들이 나에게 왜 예배 무용이 있어야 하는가, 하고 물을 때마다 나는 이렇게 답한다.

우리는 예배를 통해 하나님과 교감하고 하나님의 창조물로
서 이것을 몸이라는 수단으로 표현할 수 있는데, 그 권리를
누리지 못하고 있다고, 이것은 하나님이 원하시는 예배라고.

그렇다면 이제부터는 '예배 무용이 왜 필요한가'라는 질문
보다 예배 무용의 중요성과 '예배 무용이 어떻게 행해져야 하
는가'에 대한 질문이 이루어져야 할 것이다.

창조 세계 전체가 춤을 추고 있다

다니엘 베네딕트라는 학자는 이렇게 말했다. 예배는 마치
하나님과 우리 자신 그리고 창조 세계 전체가 함께 사랑의
춤을 추는 것이다. 그렇다면 우리는 차렷 자세로 가운을 입
고 목청 돋워서 찬양을 부르는 것에서 얼마나 더 하나님 사
랑을 표현하고 있을까.

성경에서 다윗 왕은 여호와의 궤가 자신의 성으로 들어올
때 뛰놀며 춤을 추었다고 기록되어 있으며(삼하 6장), 미리암
과 여인들은 홍해를 건넌 후에 춤을 추었다고 한다(출 15장).

예배에서 사용되는 여러 상징적 언어에는 동작, 제스처, 신

체적 상징이 포함된다. 하나님의 말씀 또한 얼굴 표현, 신체 동작, 소리에 영향을 주는 공간 등에 영향을 받는 것이다.

우리들의 그 모든 제스처가 말씀의 전달에 특정한 의미를 갖고 예배에 합력하는 것이다. 예배는 하나님과 우리의 관계를 표현하는 한 편의 드라마인 격이다. 그래서 단 샐리어스라는 학자는 "예배는 자기 스스로를 표현하는 예술"이라고까지 말했다.

조금 투박해도 괜찮은 이유

물론 예배 중에 하나님을 향해 올리는 무용의 한 동작은 어쩌면 문화적으로 세련되지 못할 수도 있다. 하지만 하나님께서는 이와 상관없이 신실함 그 자체를 귀하게 보신다.

우리는 하나님과 깊은 신비의 관계를 갖고 있고, 그분 앞에 서 있는 인간의 상태를 분명하게 말해 줄 형식을 찾기 위해 끝없이 노력해야 할 의무가 있다. 나는 무용으로써 그 역할을 전문적으로 하는 사람이기도 하다.

성경 안에서 무용을 발견하다

앞서도 언급했듯 성경 곳곳에는 다양한 춤의 사례가 등장한다. 다윗과 미리암의 사례 외에도 사사기 21장에 언급된 여인들의 춤과 이스라엘의 주요 축제 중 하나인 장막절에 춤을 춘 사례들이 성경 곳곳에 나와 있다.

물론 신약 성경 내에서 무용이 직접 언급되었다고 보기는 어렵지만 구약을 거쳐 신약으로 넘어오는 과정에서 보여지는 이스라엘 백성들의 삶을 볼 때에 무용이 일반 대중에게 보편화되어 있었다.

춤에 대한 박해

하지만 안타깝게도 기독교 역사의 초기에는 춤에 대한 반대 입장들도 있었다. 예를 들어 300년경 엘비라 공의회는 춤이나 기타 유희의 일부가 된 서커스나 판토마임 등과 관련한 자는 누구도 세례를 받을 수 없다고 했고, 398년 카르타고 공의회에서는 축일에 춤과 관련된 공연이 열리는 극장에 가면 파문한다고까지 경고할 정도였다.

이와 반대편에는 교회 내의 춤을 지지하는 세력들도 있었다. 예를 들어, 386년경 요한 크리소스톰은 "천국과 지상에 있는 사람들 가운데 하나의 목소리, 하나의 총회, 하나의 감사 예배, 하나의 기쁨의 나눔, 하나의 즐거운 춤이 있다"고 말하기도 했다. 그런가 하면 390년경 암브로우스는 춤에 대해 긍정적인 권면을 하기도 했다.

이처럼 교회 안에서 춤은 때로는 경계의 시선을 가질 때도 있었지만, 점차 교회 내에서 문화의 한 요소로 받아들여지게 되었다. 초기 5세기 동안 무용은 즐거움이나 구원, 찬양을 표현했고 순교나 천사를 묘사하는 등의 자연스러운 방법으로 교회를 통해 인정받기 시작했다.

아직은 낯선 예배 문화의 장르

오늘날 예배 안에서 무용의 의미를 설명할 때 우리는 어리둥절하게 되는 것이 사실이다. 한국 예배 문화에서는 생소하고 낯선 요소이기 때문이다. 아직 무용은 찬양 율동의 한 장르로만 인식되거나 예배 이후 2부 행사에서 하는 이벤트 정도로만 생각하는 경우도 있다.

그러나 예배 무용은 근본적으로 깊은 신학적 의미가 있다.

예배 무용의 기본 개념을 소개할 때 나는 로버트 웨버의 〈살아 있는 예배〉에 언급된 수잔 페이의 다음과 같은 말을 되새겨 본다.

"우리는 물질은 악한 것이고 영은 선한 것이라고 가르치는 헬레니즘적인 마음과 몸의 이분법을 참고로 재고해 봐야만 합니다. 아무튼 하나님은 온 세상과 우리 몸 또한 창조하셨습니다. 본래부터 몸에 악한 것이 있을 수 없습니다. 또한 우리의 마음과 정신과 몸 전체로 하나님을 사랑하라고 들었습니다. 나는 예배에 우리의 육체적인 몸을 사용하는 것이 포함된다고 생각합니다. 나는 성경을 구약, 신약으로 가르는 것과 마치 구약이 더 이상 가치 없는 것처럼 행하는 걸 좋아하지 않습니다. 춤은 틀림없이 구약에서 예배의 본래 부분입니다. 춤은 결코 성경에서 비난받지 않았기 때문에 우리가 춤을 본보기로 삼을 수 있다고 생각합니다."

이처럼 몸과 영을 이분법으로 보고 육을 죄악으로 보는 건 잘못된 관점이다. 영과 육은 구분되지만 서로 분리되는 것이 아니라 서로 연결되어 있다.

흔히 예배 무용이 세속적인 것이라고 걱정하는 분들이 있다. 하지만 몸이 아닌 언어에도 선한 것과 악한 것이 있다. 우리가 부르는 찬양에도 거룩한 것이 있고 속된 것이 있을 수 있다.

마찬가지로 무용 또한 어떤 내용을 담느냐를 보고 그에 대한 평가를 할 수 있어야 한다.

기독교 예배 무용의
역사

...

무용은 무엇일까? 많은 대중은 여전히 영화나 노래 공연에 비해 무용을 어려워한다. 무용은 어렵고 고상한 취미라는 편견도 있다. 그래서인지 예배 안에서 무용을 한다고 하면 낯설게 인식되는 것 또한 사실이다. 하지만 전혀 그렇지 않다.

무용은 어렵게 생각하면 어려운 것이지만 쉽게 생각하면 전혀 어렵지 않다.

무용을 쉽게 표현하면 '하나의 움직임'이다. 무용은 형식에 짜여진 동작만 해당하는 게 아니라, 손가락의 움직임, 입, 눈을 포함한 신체의 모든 부분으로 표현이 가능하다.

어찌 보면 하나님이 우리에게 주신 신체의 움직임 그 자체의 조화로운 동작이 이루어진 것이 무용이라고 해도 과언은 아니다.

인간이 지구에서 생존하며 언어를 사용하게 되기 전까지는 상호 의사소통 수단은 대부분 비언어적 수단이었다고 한다. 그러니까 돌리기, 휘돌리기, 밀기, 당기기 등 오늘날 무용의 갖는 기초적인 운동 요인을 모두 내포하고 있다.

신과 인간의 소통 도구

이처럼 인간이 자신의 의사를 표현하기 위한 수단으로 사용하던 몸짓을 인류의 진보와 더불어 언어가 발달하게 되면서 차츰 종교적인 목적을 달성하기 위한 무용으로 변천되어 왔다.

이후 무용은 신과 인간의 대화의 역할 그리고 신을 즐겁게 하는 인간 최고의 수단이 되었다.

그러나 아직도 여전히 무용이 낯설고 세상 문화적인 것으로만 보이는 현실이 안타깝다. 하지만 무용이 원래부터 이렇게 박한 대우를 받았던 건 아니다. 특히 기독교 문화 내에서 말이다.

오래전 로마인들의 사례를 거슬러 올라가 설명해 보겠다. 로마인들은 무용수들의 테크닉과 섬세함에 감탄해서 그들을 로마로 초대했다고 한다. 그리고 보수를 지불하고 관객이 원하는 방향으로 무용을 하도록 했다.

이로써 테크닉을 포기하고 표현을 추구함에 따라서 순수 무용은 조금씩 사라지며, 동시에 관능적인 무용이 나타났고 무용은 결국 술집으로 옮겨져 외설적이고 천박한 예능으로 전락하기까지 했다.

이에 신흥국의 초대 종교였던 가톨릭 초대 교황들이 이런 난잡한 무용의 형태만 알고 있었기에 무용에 대해 적대적일 수밖에 없었다. 종교가 무용의 역사에서 처음으로 무용을 격렬하게 반대하게 된 시초라고 할 수 있다. 이른바 '무용 금지령'은 중세 시대 동안 강화되어 현대까지 그 여파가 남게 되었다.

한국 예배 무용의 경우

우리나라의 경우 고대로부터 무속과 제의를 중심으로 종교 문화가 전승되었는데, 여기에 외래문화의 접촉을 통해 접목된 일종의 다원 종교의 문화적 형태를 띠고 있다.

하지만 우리는 세계 어느 민족도 흉내 낼 수 없는 뛰어난 창법이 있고, 무궁무진한 장단이 있다. 우리의 전통을 새롭게 발전시켜 더 뛰어난 예술이 되도록 하고, 나아가 새롭게 발전시켜서 세계 무대에 진출하고, 한국 기독교 문화가 복음 전파를 위한 선교의 도구로 활용되어야 한다.

나는 한국 교회가 '영성'을 온전히 알고 깨달으려면 이러한 문화적 차원으로써 기독교 문화를 신학적으로 연구하고 반드시 이해해야 한다고 생각한다.

내가 교회 무용을
시작한 이유

...

내가 무용을 하게 된 계기는 어머니 덕분이다. 무용을 전공하신 어머니는 무용 학원을 하시며 평생 무용을 내려놓은 적이 없으셨다. 80세를 바라보는 연세임에도 여전히 무용을 하고 계신다. 당시만 해도 교회에는 '무용'을 하는 사람이 없었다. 찬양을 부르며 율동하는 사람은 있었지만, 지금처럼 워십 댄스라든가 예배 무용이라는 단어 자체가 없었고 목사님 또한 무용에 대한 인식이 전무했다.

무용이 흥미로워 교회에 찾아온 친구들

무용을 업으로 하셨던 어머니 때문에 나는 걸음마를 무용 학원에서 떼고 자연스럽게 무용을 배우며 자랐다. 중학교에서부터 고등학교, 대학을 진학하는 동안 당연하게 생각하며 무용을 전공하게 되었고 교회 안에서도 목사님의 권유로 조금씩 성도들 앞에서 무용을 선보이게 되었다.

지금도 기억하는 것은 중학교 때 성탄절 행사에 목사님의 권유로 예수님의 탄생을 주제로 한 내 나름의 무용을 펼치며 공연을 했었다. 당시에는 교회 밖에서도 무용을 흔히 볼 수 있었던 시대가 아니었기에, 우리 교회에서 성탄절에 무용을 한다는 소문을 듣고 친구들이 우르르 몰려와서 구경하곤 했다.

그때는 그게 전도라는 걸 몰랐다. 무용이 흥미로워 교회에 찾아온 아이들은 자연스럽게 목사님 말씀을 듣게 되었고, 이를 통해 예수님을 영접하고 신앙을 갖게 된 이들이 생겨났다. 그때부터 목사님은 나에게 각종 절기가 되면 예배 중에 무용을 권하기 시작했다. 이것이 내가 예배 무용을 접하게 된 시초이다.

예배 무용이라고 하지만, 정확히 말해서는 교회 행사에 가까운 예배 중에 짧게 선보이는 무용이었다. 각양각색의 성탄 공연 중에 무용은 여러 이벤트 중 하나로 인식되었고, 나 역시 그때만 해도 내가 기독교 무용을 전공으로 하게 될 거라는 생각은 추호도 하지 못했으니 말이다.

선교 무용단에 합류하다

그러다가 대학에 진학할 무렵, 어머니가 교회 안에서 본격적으로 무용을 가르치기 시작했다. 어머니는 교회 내에서 선교 무용단을 만들었고, 예배 때에 자주 단상에 올라서 무용을 선보였다. 또, 교회의 선교팀과 합류해 해외에 나가 무용으로 선교를 하셨다.

기독교인들이 예배 무용의 용어를 잘못 사용하고 있는데 바로 '워십(worship)'이라는 단어다. 워십(worship)을 경배 무용 또는 예배 무용으로 오해하는 사람들이 있다. 예배 무용의 정확한 용어는 워십 댄스(Worship Dance)이며 워십(worship)은 단어 그대로 경배라는 의미를 가지고 있고, 무용이라는 단어인 Dance가 함께 사용되어야 한다. 대부분의 기독교인들은 단상 앞에 나와서 드레스를 입고 손동작 위주로 찬양에 맞추어 추는 것을 두고 워십 댄스라고 생각한다.

어머니의 영향으로 나 역시 성인이 된 이후 교회에서 무용단을 만들어서 무용을 하기 시작했다. 감사하게도 교회 내에서 이런 유의 예술을 펼친 사람이 없었기에 목사님은 내게 '단장'이라는 귀한 직함까지 주시면서 활동을 독려해주셨다.

경기도 안성에 있는 작은 교회에서 나의 기독교 무용은 그렇게 시작되었다.

불모지에서
꽃을 피우기 위해

...

처음 교회에서 무용단을 만들고 무용을 지도하기 시작했을 때만 해도 기존의 교회 예배에서 쉽게 접하지 못했던 기독교 무용을 선보일 수 있다는 생각에 설렜다. 목사님 또한 영적인 것은 물론, 문화적으로도 깨어 있으신 분이었기에 교회 내에서 무용 연습실에 따로 만들어 주시기도 하고, 연습실 전면에 거울을 만들어 주시고 설교 단상을 높이고 넓혀 예배에 무용을 할 수 있는 충분한 공간과 회중이 함께 은혜 받을 수 있도록 아낌없는 지원을 해 주셨다. 지금 생각해 보면 예배 무용을 위해 강대상을 구석으로 치워 주시면서까지 무용의 자리를 내어 준다는 것은 결코 쉬운 일이 아님에 분명하다.

찬양은 되는데 무용은 왜 안 되나요?

이런 바탕이 갖춰져 있음에도 불구하고, 기독교 무용을 성도들에게 알리는 일은 쉽지 않았다.

우선, 무용이라는 게 찬양이나 노래처럼 몇 시간 전에 연습해서 뚝딱 완성할 수 있는 것이 아니다. 무용은 기본적으로 배우는 데 시간이 많이 걸리기 때문이다. 찬양대의 경우 부활절이나 성탄절 칸타타 준비한다고 하면 한 달 동안 일주일에 한 번 모여서 한 시간 정도 연습을 한다. 그 연습으로도 무대에 설 어느 정도의 역량을 만들 수 있다.

하지만 무용은 그게 불가능하다. 무용 전공자가 아닌 이상 무용 기본기부터 가르쳐야 하는데 기본 동작을 익히는 시간만 한 달이 넘게 걸린다. 예를 들어 5분 분량의 작품을 하나 올리기 위해서는 짧게는 3개월 이상이 걸리는 셈이다. 게다가 이 기간 동안 매일 작품을 연습하는 게 아닌 이상 일주일에 한 번, 두 번 정도 두 시간씩 연습을 한다고 하면 최소한 한 작품을 공연하기 위해서 3-4개월 이상 걸린다. 그렇게 열심히 가르치고 배워 어느 정도의 실력을 갖추게 되면 이사를 가거나 몸이 아파서, 취직과 출산 등 여러 가지 이유로 무용을 그만두는 일들이 허다했다.

이런 힘든 부분들이 하나씩 보이다 보니 시간이 흐를수록 교회에서 무용의 장점과 단점을 하나씩 알게 됐다. 무용이 교회 예술 안에서도 가장 발전하지 못하는 예술 분야인 이유를 알 것 같았다. 교회 미술은 아주 먼 과거부터 현재까지 어디서든 보편적으로 발달되어 있다. 미술 다음이 노래이며, 그다음 순서가 무용이었다. 그러다 보니 무용 예술에 대한 사람들의 인식도 아직 미미한 수준인데, 이 상태에서 다음 단계로 발전하지 못하는 정체 상태가 계속되고 있었다.

무용은 예배에서 이목을 끌기 위한 도구일까?

아직까지도 무용은 일부 목회자들에게 성도들의 이목을 끌기 위한 도구에 불과한 경우가 많다. 무용은 음악과 몸동작이 함께 어우러지기에 눈과 귀가 즐겁고 사람의 모든 감각을 깨우는 예술임에 틀림없다. 그렇다 보니 많은 목회자들이 이를 예배에 이벤트처럼 하는 도구로 쓰는 오류를 범하기도 한다.

무용은 아무 곳에서나 할 수 없는 특징이 있다. 찬양은 예배 시간에 반주만 있으면 언제든 가능하지만 무용은 움직임이 빈번한 예술로 몸을 충분히 움직일 만한 공간이 확보되어야 한다.

하나님께 간구하다

교회 안에서 무용을 가르치고 행하는 일에 지쳐 가면서 평범한 가정을 이루고 아이를 낳아 기르는 삶을 원했던 내게 하나님은 다른 사명을 깨닫게 하셨다.

교회의 무용에 대한 인식을 어떻게 바꿀 수 있을지, 어떻게 하면 사람들이 무용을 조금 더 편안하게 접할 수 있을지 고민하며 매일 새벽 제단에 나아가 하나님께 간구했다.

오랜 새벽 기도 끝에, 무용으로 교회의 예배 문화를 발전시키고 목회자들의 문화 예술 목회의 인식을 바꾸는 비전을 주신 것이다.

놀라운 응답이었다. 그 길로 나는 신학대학교에 무용을 전공할 수 있는지 알아보았다. 없었다. 어째서 신학대학교에 무용 전공이 없을까? 나는 의아했다.

하나님이 주신 메시지가 분명하다면 내 갈 길도 뚜렷하게 보여 주실 거라 확신하며 기도했고, 그때가 오기를 기다렸다.

그리고 며칠 뒤, 현재의 담임 목사님을 통해서 우연히 서울장신대에서 문화 예술 신학 박사 과정을 모집한다는 소식이 들려왔다.

내 기도가 응답된 것이다!

우연은
운명을 만들고

원래 나는 기독교 무용이라는 분야에서 활동하게 될 거라고 생각하지는 못했다. 다만, 기독교 문화의 불모지인 한국에서 목회자가 바뀌면 한국 교회의 예배가 바뀔 수 있다는 생각 때문에 기도를 하던 사람 중 하나였다.

발레를 전공한 내가 하나님의 부름을 받고, 신학 박사 학위를 받고 기독교 무용을 하게 된 과정은 하나님의 섭리라고 생각한다. 예고에 다니며 공연 연습 중 함께 무용을 하던 남자 무용수와 호흡이 어긋나며 들고 있던 나를 떨어뜨리는 사고가 있었고, 그로 인해 나는 허리를 심하게 다쳤다.

하나님의 숨은 뜻

허리뼈에 금이 간 상태로 대학에서 계속 발레를 하면서도 무척이나 고통스러웠고, 평생을 발레리나로 살 것 같았던 나의 꿈은 대학 졸업과 함께 접어야 했으며, 진로 또한 무용수에서 지도자로 바뀌게 되었다. 그때 마침 재즈 댄스와 방송 댄스가 유행하기 시작했고 서울에 가서 재즈 댄스를 배운 다음, 강사 생활을 오랫동안 했다. 문화 센터와 무용 학원을 경영한 것이 나에게는, 예술의 영역 너머 일반 대중의 눈높이로 무용을 볼 수 있는 안목을 키우게 된 것이다. 댄스를 배운 것을 계기로 뮤지컬 배우와 안무자로 활동하며 나는 조금 더 대중적인 예술을 접하게 되었다. 그때까지만 해도 하나님의 뜻이 그 안에 숨어 있을 거라곤 전혀 생각하지 못했다.

그리고 대학원을 진학하여 공연예술학 석사 학위를 받게 하시고 이어서 바로 신학 공부를 하게 하심으로 다양한 학문과 경험을 하게 하셨다. 이렇게 교회에서 예배를 발전시키고 변화시킬 활동 반경이 넓어진 것은 나중에 기독교 무용을 사람들에게 알리는 내 신앙적 단련이었다.

목회자의 길을 걷다

지금은 기독교 무용이라는 큰 틀 안에 찬양 율동부터 예술성이 높은 예배 무용과 신학교에서 강의까지 방대한 분야를 다루는 지도자가 됐다. 하나님의 계획과 섭리는 너무나도 오묘하여 내가 감히 생각할 수도 없고 알 수 없는 길을 걷게 하셨다.

오랜 시간 교회에서 무용을 하며 느끼고 봐 왔던 여러 가지 문제들은 대학에서 예비 목회자로 길러질 신학생들에게 기독교와 무용이라는 강의를 하면서 지식을 전달하는 일이 우선임을 깨닫게 되었다. 신학을 전공한 지 오래되고 현장의 목회 경험이 긴 시간 단련된 목회자들의 생각은 쉽게 변하지 않는다.

목회자 스스로가 오랫동안 고수했던 그동안의 목회 방식, 이미 한 번 검증되어 관행으로 굳어진 설교 중심의 문화를 바꾸는 건 대부분의 목회자들이 감히 시도해 보길 주저하는 방식이다.

이제는 청년들의 문화 예술이 교회 안에서도 중요한 요소가 되었기 때문에, 찬양과 율동 자체를 통해 예배를 부흥시켜야 한다는 데에는 대부분의 목회자가 동의한다. 하지만 여기서 찬양과 율동의 범위를 넘어서 예배 무용을 전면적으로 예배에 적용, 시도해 보자고 하면 대부분이 역시 망설인다.

하지만 그와 반비례하게 세상의 문화는 빠르게 변하고 있고, 세상의 트렌드를 주도하지 못하는, 최소한의 흐름을 반영하지 못한 기독교 문화는 성장을 멈춘 어린아이와 같을 수밖에 없다.

기존의 목사님들은 세대를 받아들이고 이해해야 한다. 물론 모든 예배를 젊은 감성에 맞추라는 것은 아니다. 70, 80년대에 그 세대의 감성을 받아들이므로 지금의 기독교 문화 예술이 이만큼 발전할 수 있었다고 생각한다. 그러므로 예배 행위를 예배학적으로만 다룰 것이 아니라 문화적 행위의 차원에서 신학적 미학으로도 다뤄져야 한다. 또한 예배는 공연학적으로 볼 때 잘 짜여진 각본에 의해 진행되어야 한다. 우리가 드리고 있는 예배를 보면 주보에 적혀 있는 순서대로 예배드리고 있음을 알 수 있다. 찬양과 기도, 말씀, 헌금, 찬양 등의 짜여진 순서가 잘 정돈되어 예배드려질 때 회중의 마음이 흐트러지지 않고 예배에 온전히 집중될 수 있으며 하나님께 영광이 되는 것이다. 문화 신학은 많은 연구가 이루어지고 있지만 공연학은 기독교에서 다루어지지 않는 분야이다. 예배에 무슨 공연학을 논하냐고 이의를 제기하는 분도 계시겠지만 온전한 예배를 위해 공연학적인 요소를 배제할 수 없다. 나는 기독교에서 예배학과 더불어 문화 신학과 신학적 미학 그리고 예배 공연학이 함께 연구되어져야 한다고 감히 주장한다.

문화 예술이 있는 교회, 없는 교회

기독교 문화 예술이 발전한 교회는 어떻게 되는가? 예외 없이 부흥한다. 나는 그동안 수많은 교회에 문화 사역을 나가면서 이를 철저히 보고 놀라워했다. 예술성 높은 교회 문화를 가진 교회는 세상의 문화와 당당히 어깨를 견주면서 교회가 성장하고 부흥한다.

이것은 비단 오늘날의 문제일까? 나는 그렇게 생각하지 않는다. 내가 어릴 때, 기독교 문화가 지금보다 열악했던 때에도 앞선 문화 예술을 목회에 받아들인 교회는 부흥했다. 청년들이 밀고 들어오며 기존의 성도들은 전도에 열성을 보인다. 나는 어릴 때부터 문화 사역이 청년들을 중심으로 교회를 어느 정도로 부흥시킬 수 있는지를 목격한 사람이다.

어쩌면 지금의 나를 만든 것은, 어린 시절 문화 예술에 그토록 앞섰던 목사님의 영향 때문인지도 모른다.

문화 예술이 부흥한
교회의 특징

...

 이 글을 읽는 독자분께서는 문화 예술이 부흥한 교회를 가본 적 있으신지. 뜨거운 기독교 예술의 열기가 배어 있는 교회를 방문하면 기존에 접했던 것과는 전혀 다른 느낌을 받을 것이다. 찬양은 뜨겁고 댄스가 어우러진 예배는 감격과 은혜가 넘친다.

 회중은 자신들이 예배의 주체가 되어 하나님께 예배드린다는 것에 행복해한다.

 그리고 무용을 전공하고 신학을 배우면서 앞으로 목회자들이 변하면 한국 교회는 다시 부흥할 희망이 있을 거라는 생각이 들었다. 내가 공부한 문화 예술 신학은 신학적 지식만 쌓는 게 아니라 기독교 문화 예술에 대한 전반적인 지식도 함께 인식해야 하는 것이다.

 왜 그럴까?

 교회에서 목회자는 설교뿐만 아니라 전반적인 행정도 담당해야 한다. 모든 분야의 전문 지식을 다 가질 수는 없지만 기본적인 지식은 가지고 있어야 해당 부서의 리더를 세울 수 있고 이끌어 갈 수 있는 것이다.

예를 들어, 교회 안의 찬양단과 자치 기관 모임으로 드럼 교실이나 건강 체조, 꽃꽂이 프로그램 등이 운영될 때 신학적으로 어긋남이 없는지를 분별할 수 있으려면 문화 예술에 대한 지식이 필수적이다. 이를 목회자가 제대로 이끌어 주지 않을 경우 교회 내에서는 분란이 생길 여지가 있는 것이다.

하나님께서 내게 주신 첫 번째 비전은 신학을 공부하고 신학대학교에서 신학생들에게 기독교 무용이 교회에서 잘 사용되어지도록 가르치는 일이었다. 하지만 당시만 해도 신학대학원에는 구약, 신약, 예배학 등 신학을 하신 교수님도 있고, 음악을 전공한 교수님은 있는데 무용 분야는 교수님이 없었다.

어떻게 해야 할지 막막함에 그저 기도만 했다.

문화 예술 신학 박사 과정 1회 입학생

그때 우연히 지금 섬기는 교회 담임 목사님께서 서울장신대에 문화 예술 신학 박사 과정을 뽑는다고 하니 서류를 넣어 보라고 권해 주시는 것이다.

그렇게 해서 현재까지도 유일한 한국의 1호 문화 예술 신학 박사가 된 것이다.

당시 총장님께서는 한국 음악을 전공하시고 한국 교회의 한국적 문화 예술의 조예가 깊은 분으로서 국내외 교회에 한국적 예배 문화를 널리 알리겠다는 사명 의식을 갖고 계셨다. 나와 같은 생각을 가진 총장님을 만난 것에 감사하며 입학하기 위해 면접을 본 자리에서 나를 본 교수님들은 무용을 접목해서 신학을 가르칠 교수가 없는데 이 대학원생을 받아야 하는지 토론이 열렸다. 다행히 입학 허가가 떨어지긴 했으나 교수님들은 마지막으로 한마디씩 했다.

"무용과 신학을 동시에 가르칠 교수가 이 학교에 없다는 건 잘 아실 거예요. 앞으로 최 선생이 주도적으로 만들어 나가셔야 합니다."

나는 입학 당시 그저 모태 신앙인으로 교회에서 열심히 헌신 봉사하며 예배드렸을 뿐 신학적 지식이 전혀 없었다. 신학과 무용을 어떻게 연결시켜야 할지 막막했고 고민이 많았다.

그때 대학원장이셨던 교수님의 "신학적인 지식은 최 선생이 배우고 무용 지식은 나를 가르쳐 주면 훌륭한 대학원 수업이 될 것 같습니다"라는 말씀에 용기가 생겼다.

그렇게 신학 수업을 듣고, 나 또한 커리큘럼을 스스로 만들어 나갔다. 그렇게 주도적으로 학생이자 교수처럼 공부하다 보니 박사 과정에 접어든 지 1년 이후부터는 바로 강의를 시작할 수 있었다.

학생이자 교수가 되다

박사 논문을 쓸 때 참 어려웠던 기억이 난다. 기독교 무용 분야의 전문 교수가 없는 상태에서 논문을 써야 하는데 자료도 부족할 뿐더러 나의 지도 교수님 또한 예배학을 전공했던 분인 터라, 무용에 대한 지식이 전무했다. 교수님이 그때 하셨던 말이 지금도 기억에 남는다.

"저도 최 교수 덕분에 무용에 대해 공부를 많이 했습니다. 최 교수는 예배학을 배우는 입장이니 우리가 서로 학생인 셈이네요."

교수님과 함께하는 수업 역시 교수님이 일방적으로 가르치는 내용보다 예배에서 예술의 사용을 가지고 토론을 하는 수업이 많았다.

논문을 쓸 당시, 내가 가장 중요하게 여겼던 점은 기독교 문화 예술에 대한 인식이었다. 일반인은 물론 기독교인조차 기독교 문화 예술에 대한 이해가 부족했던 터라, 교회 안에서 예배의 회복과 성도들의 신앙 성장을 위해 어떻게 하면 기독교 무용이 도움이 되도록 할지를 오래 고민했다.

박사 논문을 끝내고 고민했던 것도 '실제 활동 영역에서 어디서부터 접근해야 하는가'였다. 그래서 3~4개월 정도 내가 환기하고자 했던 교회에서 행해지는 예배 무용에 대한 인식 부분을, 기독교 신문인 기독공보에 '몸으로 드리는 예배'라는 제목으로 칼럼 형태로 연재했다.

교회 문화 예술의
전파자

...

나는 교회 문화 예술의 전파자로서, 기독교 문화 예술로서 기독교 무용을 신학대학에서 가르치는 것이 매우 중요하다고 생각한다. 신학대학에서 내가 박사 과정을 할 때 겪었던 어려움을, 기독교 무용을 전공할 내 후배들은 겪지 않게 하고 싶다.

내가 신학대학교에서 강의를 하면서 제일 힘들었던 부분은 기독교 무용은 커리큘럼의 특성상 이론과 실기가 함께 병행되어야 하는데, 신학대학교 안에 무용을 할 공간이 없다는 게 문제였다. 학교 안에 무용실이 없다는 것, 일반 강의실은 많은데 무용을 연습하기에 필요한 요소들이 있는 공간이 없었다.

무용의 필수 조건은 공간 확보

무용실은 최소 20명 이상이 사용할 수 있는 넓은 공간이 확보되어야 하고 전면 거울과 음악을 틀 수 있는 음향 시설이 구비돼 있어야 하며 무엇보다 계속 몸으로 뛰어야 하기에 무용수의 무릎 관절을 보호해 줄 만한 카펫이나 마루가 설치되어야 한다. 그래야만 구르거나 눕거나, 무릎을 꿇는 등의 움직임을 할 수 있기 때문이다.

하지만 내가 강의할 때만 해도 이런 공간이 없었기에 강의 시간마다 한계에 부딪히곤 했다.

학생들에게 매번 이론 강의만 하게 되고, 실기를 제대로 알려 줄 수 없었다. 기독교 무용인데 실기가 없다면 균형 있는 강의가 되지 못한다. 이론은 한계가 있다. 사람은 몸으로 와닿지 않으면 직접 체감할 수 없는 게 자연스럽기 때문이다.

그래서 중간고사는 실기 시험으로 진행하면서 학생들이 이론을 배우면서 스스로 실기를 경험하도록 했다.

학생들에게 지식을 이론으로만 가르쳐 주는 게 효과적일까? 나는 아니라고 생각한다. 특히 기독교 무용을 배우는 학생들은 반드시 이론과 실기가 병행되어야 한다.

일반 강의실의 좁은 공간이지만 실기를 보여 주고 설명해 주면 학생들은 굉장히 흥미로워했다. 학생들은 10주간의 강의 동안 무용의 발생과 기원에 대한 이론적 지식부터 기독교 무용이란 어떤 것인지 등을 망라해서 배우게 되는데, 그 이론을 바탕으로 중간고사에는 내가 제시한 주제를 가지고 창작 무용을 발표하고 기말고사에선 현재 교회의 예배 무용 사례를 분석하여 문제점과 발전 가능성에 관한 리포트를 제출하게 했다.

기독교 무용을 한다는 것

기독교 무용은 단순히 무용과 기독교 문화의 결합에 그치지 않는다. 기독교 문화에서 춤은 하나님 앞에서 추는 것이고, 이때에는 경건한 마음을 가져야만 한다. 기독교 무용이 뭔지를 안다면, 그다음 순서는 하나님 앞에 드려지는 춤은 어떤 마음가짐으로 해야 하고, 찬양은 어떻게 하고 무용은 어떻게 표현해야 하는지 등을 알아야 한다.

여기까지 이해가 되었다면 그다음은 몸을 움직여서 무용으로 표현해 보는 것이 중요하다. 한 번은 학생들에게 이런 미션을 주었다.

"하나님이 세상을 창조하신 부분을 춤으로 표현해 보세요. 전문적 춤이 아니라 몸동작으로 창조의 뜻을 한 번 해석해 보는 거예요."

그리고 이 주제를 곧바로 중간고사 시험 과제로 주었다. 그룹 과제로 시험을 봤는데, 학생들이 '천지 창조', '모세' 등 주제어에 맞게 창작 무용을 만드는 것이었다. 주제어만 제시되었을 뿐 이를 표현하는 방식에 있어서는 노래를 부르거나 춤을 추는 등 자유롭게 선택할 수 있었다. 기준점은 '어떻게 하면 성경의 메시지에 부합하게 표현해 내는가'였다.

은혜를 몸으로 표현하다

독자들은 이런 무용이 펼쳐지는 장면을 살면서 별로 본 적 없을 것이다. 아니, 단 한 번도 보지 못한 분들도 있을 것 같다. 정작 이 과정을 시험으로 평가하는 내 입장에서 말해 보자면 말 그대로 감동의 무대였다. 학생들이 무대에서 표현을 너무나도 잘 해낸 것이다. 강의 시작 때만 하더라도 학생들은 세상의 풍경과 꽃 등을 보면서 아름답다고만 느꼈지 이 모든 것을 창조하신 하나님의 예술적인 능력은 생각해 보지 못했었다.

처음에는 기존에 잘 몰랐던 개념을 학생들이 잘 표현해 낼 수 있을지 걱정이 되었는데, 강의를 통해서 하나님의 예술성을 깨닫기 시작한 학생들은 3분이라는 시간 안에 창의와 신앙을 갖고 표현해 낸 저마다의 작품들은 훌륭했다.

예를 들어 천지 창조 시기에 새는 어떻게 날았을까, 그때 새가 날아간다면 아마도 이렇게 날지 않을까, 이런 식으로 표현을 해 낸 학생도 있었고 하늘의 별과 달을 일반적이지 않은 동작으로 표현하는 학생도 있었다.

무엇보다 중요한 건 이 과제를 준비하면서 학생들이 하나님의 마음을 조금이라도 읽으려고 노력하고 있다는 게 느껴졌다.

학생들에게 어떻게 그렇게 기발한 동작으로 표현해 냈느냐고 물으니 이런 답이 돌아왔다.

"하나님은 최고의 예술가이잖아요. 무에서 유를 창조하신 분이니까요."

아무것도 없는 암흑에서 천지를 만드신 분, 산과 나무, 꽃과 사람을 만드시는 하나님을 드러내고 표현하는 것에 있어서 학생들은 작디작은 천지 창조를 한 셈이다.

어떤 학생들은 이 과제를 수행하면서 펑펑 울기도 했다. 자신들의 무용에 스스로 은혜를 받아서 그런 것이다. 나는 이를 통해서 기독교 무용이 조금 더 활성화가 된다면 한국의 기독교가 크게 바뀔 수 있다는 확신을 갖게 되었다.

기독교 무용은
꼭 필요한 것인가?

...

기독교 무용을 하는 사람으로서 나는 이 예술이 우리의 신앙을 정말 발전시키는지 스스로 묻곤 한다.

기독교 무용이 신앙생활에 꼭 필요한가?

나는 그렇다는 결론을 내렸다. 찬양 율동을 하는 아이들을 보면 그걸 알 수 있다. 필자의 어린 시절 교회에서 찬양 율동으로 배우고 익혔던 성경 구절들을 아직도 잊지 않고 있다. 아니 평생을 기억할 것이다. 찬양과 율동을 하면서 성경을 암송하면 빨리 익혀지고 오랫동안 기억되는 효과가 있다.

구구단도 그냥 외우는 것보다는 음률을 붙여서 외우면 쉽게 외워지지 않나. 성경 말씀도 마찬가지다. 그냥 들으면 쉽게 잊혀지지만 노래와 동작으로 만들어서 부르면 금세 구절을 기억하게 된다.

나는 석사 공부를 하면서부터 현재까지 대한예수교장로회 통합 교단의 전국아동부연합회에서 찬양 율동을 안무하는 창작 위원이자 강사로 활동하고 있다.

현장에서 아이들에게 율동을 가르쳐 보면 아이들 몸속에 숨어 있는 무궁무진한 예술의 가능성에 감탄한다. 운동량이 현저히 부족한 요즘 아이들은 찬양 율동을 통해 에너지 발산도 되고 정신도 건강해지는 효과가 있다.

건강한 정신과 건강한 육체를 통해 신앙도 함께 자란다. 내가 10년 넘게 아이들에게 찬양 율동을 가르쳐 본 결과, 아이들 신앙과 신체 활동에 상당한 도움이 된다는 걸 알게 됐다.

교사라는 역할의 중요성

아이들이 찬양 율동을 접할 수 있는 창구는 주일 학교 예배 시간을 통해서다. 이 예배 시간에 찬양 율동을 하기 위해서는 교사가 먼저 찬양 율동을 배우지 않으면 아이들에게 학습할 수 없는 구조다. 이 때문에 나는 내가 속한 교단에서 일 년에 두 번 행해지는 교사 강습회 시즌이 오면 모든 일정들을 내려놓고 전국의 노회를 방문하여 교사들에게 찬양 율동을 가르친다. 이때가 아니면 전국의 교사들에게 찬양 율동을 가르칠 기회가 없기 때문이다.

코로나가 발생하기 전에는 작게 모여도 몇백 명씩 되는 많은 교사들이 열정적으로 이 강습회에 참여했지만, 코로나 이후로 교사 강습회가 줄어들고 참석하는 교사의 수도 많이 줄어든 것이 몹시 안타깝다. 교회 안에서도 교사들이 교회에 나오지 못하는 상황에 가슴이 무너진 적도 있다.

다행히 올해부터는 코로나 확진자 수가 줄어 많은 노회에서 교사 강습회가 정상적으로 개최될 예정이다. 요즘은 비대면 교육이 대세지만, 나는 기독교 무용만큼은 비대면으로 할수 없다고 생각하는 사람이다.

율동 영상을 촬영해서 전국의 교사들에게 링크 하나로 공유해 주면 일은 편하다. 하지만 영상을 보고 율동을 하게 되면 동작의 순서를 외우는 데는 도움이 될지 몰라도 현장에서 강사와 배우는 교사들이 직접 교감하며 어떻게 이 동작이 만들어지고 어떤 느낌으로 표현되어야 하는지 배울 수 없다. 교회가 부흥하려면 사람들이 교회로, 예배로 모여야 한다.

아이들을 찬양으로 가르쳐 신앙을 키워 주는 문제는 이제 시급을 다투는 중요한 문제가 됐다. 요즘 아이들은 TV만 틀면 연예인이 나오고, 휴대폰 안의 유튜브를 통해 자극적인 영상을 시청하는 시대 아닌가.

'예능'이라는 이름의 쇼가 24시간 계속되는 시대에서 우리 아이들이 신앙을 지키면서 살아갈 수 있을까.

과연 70-80년대 율동으로 아이들의 마음을 사로잡을 수 있을지 의문이다.

그렇기 때문에 찬양 율동도 시대의 흐름에 맞게 바뀌어야 한다. 그러기 위해서는 창작자도 예술에 깨어 있는 상태에서 시대의 흐름을 파악하고 있어야 한다.

그런데 거기서만 그쳐서도 안 된다.

기독교는 그 안에 성경의 메시지를 담아야 한다. 계속 말하지만 춤은, 메시지로서의 전파력이 크기 때문에 아이들에게 미칠 영향을 신중히 생각해야 한다. 자칫 잘못하면 타락한 춤이 될 수 있기 때문이다.

찬양 율동을 보면 어딘가 세상에 속한 것 같고, 어떤 것은 또 거룩한 것 같고, 보는 사람마다 느낌이 다를 수 있는데 이는 전문가가 아니면 정확히 짚어 낼 수 없는 영역이다. 전문가인 내 입장을 말하자면 찬양 율동이라고 해서 속된 것이 없다고 말할 수 없다는 것이다. 동작을 신중하게 선별하는 것, 성경적인 지식을 가지고 율동을 제시하는 것이 중요하다.

이는 단순히 신학만 전공한 목회자가 제시해 줄 수 있는
게 아니다. 전문가의 영역이다. 무용과 신학을 동시에 전공한
사람이 있어야 한다. 내가 세상에 무용을 전공한 목회자가
더 많이 나와야 한다고 믿는 이유이다.

기독교 문화가
뿌리내리기 위한 조건

...

문화는 그 문화가 뿌리내리는 토양이 건강해야만, 문화가 잘 자랄 수 있다. 그동안의 우리 기독교 문화는 어떠했는가. 굉장히 보수적이었다. 그동안 교회 문화에서 비춰진 무용은, 몸은 성(聖)이 아닌 속(俗)에 가까운 것이었다. 몸은 더럽고, 추하다는 인식이 있는 가운데 우리나라가 경제적으로 풍요롭지 못할 때에는 더더욱 일반인이 무용을 배울 수 있는 여건이 충분치 않았다.

먹고살기도 바쁜데 무용이 웬 말인가? 예술은 돈이 없는 사람은 감히 접할 수 없는 통로였다.

그렇기 때문에 무용을 배우는 사람도 흔치 않았을 뿐더러 무용을 하더라도 교회 안에서는 돈을 버는 것과 무관한 영역이어서 직업으로도 적당치 않았다.

쉽게 말해 교회 안에서 무용을 해서는 먹고살 길이 없었던 것이다. 이것은 한국 교회에서 기독교 무용이 활성화되지 못했던 이유 중 하나이다.

왜 기독교 문화는 정체되어 있는가

한 나라의 경제가 발전하면 자연스럽게 예술이 부흥하게 되는데, 유독 교회 안에서는 무용이라는 장르가 타 장르에 비해 발전하지 못한 상태에 있다. 이는 전문가로서 보기에 심 각한 문제이다.

수많은 교회들이 무용단을 만들고 워십 댄스를 보편적으로 하고 있음에도 불구하고 기독교 무용의 기본을 모른 채 세상의 문화를 따라가는 교회 내의 이 심각한 상황을 어떻게 해결할 것인가.

내가 섬기는 교회에서는 일반인에게 무용의 기본 동작부터 가르치고, 신학과 무용을 접목시킨 기독교 무용의 토대를 만들어 둔 상태이다.

하지만 대부분의 교회에서는 교회 안에서 전문적으로 기독교 무용을 가르친다는 일이 '언감생심'인 것이다. 이것은 안 한다기보다 몰라서 못 하는 영역이기도 하고 전문가의 부재로 할 수 없는 영역이기 때문이다.

그러다 보니 무용은 무조건 동작이 예쁘기만 하면 된다는 생각에 머물러 있다. 예배 무용도 일반 무용과 마찬가지로 의상, 무대, 동작이 중요하다.

당연히 예배 무용에서는 예배 무용의 주제에 맞은 의상을 입어야 한다. 의상은 메시지를 드러내는 또 하나의 요소이기 때문이다. 그래서 나는 의상도 직접 디자인해서 무용에 사용한다.

예를 들어, 춤사위에 따라서 의상이 달라져야 하는데 예수님의 고난을 표현하는 찬양을 한다면 어두운 색의 의상을 입어야 하고, 밝은 분위기의 찬양을 할 때는 화려한 색상의 의상을 입는 식이다. 그런데 현재 많은 교회들의 무용을 보면 내용과 상관없는 그저 화려하고 예쁜 의상을 입고 무용을 한다.

의상은 곧 메시지다

장례식에 누군가 화려한 큐빅이 박힌 빨간색 드레스를 입고 나타난다고 해 보자. 그러면 사람들은 몹시 놀라고 당황스러워할 것이다. 이처럼 어떤 것은 차분하고 거룩한 느낌을 자아내야 하는데 화려한 드레스 형태의 옷을 입고 무용을 한다면 그 메시지가 제대로 전달될지 의문이다.

만약 사순절에 예배 무용을 한다면? 목과 팔이 드러난 반짝이 의상을 입고 무용하는 게 맞는 것일까? 이렇게 되면 목적과 의상이 전혀 맞지 않을 뿐더러 오히려 예배를 흐트러지게 할 수도 있음을 알아야 한다.

기독교 무용을 대변하는 명작들을 떠올려 보면 이해가 쉽다. '지저스 크라이스트 슈퍼스타'와 같은 공연용 대작에서는 장면에 따라 옷을 벗어야 할 때도 있다.

하지만 교회 안의 예배 무용은 이와 맥락이 다르다. 공연이 목적이 아니라 예배를 돕는 목적으로서 예배 무용은 보는 사람의 시선과 마음을 흐트러뜨리면 안 된다. 그 예배가 부활절 예배인지 사순절 예배인지, 전도 목적을 띤 예배인지에 따라 의상이 달라져야 한다. 작품이 달라지면 의상도 달라져야 한다.

부활절 예배를 드리는 경우, 흰색이나 붉은색이 들어간 옷을 섞어 입는 것이 좋다. 부활절 찬양이 고난 주간의 연결이기 때문에 이러한 상징성을 부여하는 것이다.

춤사위가 발레나 현대 무용처럼 구성되어 있다면 바지를 입어서 발동작을 두드러지게 하며, 상체 위주나 한국 무용

느낌의 동작들로 구성된 춤사위에 국악풍의 찬양곡으로 무용을 할 때는 한복 느낌의 의상을 쓰기도 한다.

이처럼 예배마다 그에 걸맞은 요소를 차용함으로써 그만의 분위기를 드러내는 것이다.

한번은 청소년 헌신 예배를 드린 적이 있다. 이럴 때는 한복을 입고 느린 동작으로 무용을 하는 것이 주제와 맞지 않는다고 생각해 과감하게 파워 댄스를 도입했다. CCD(Contemporary Christian Dance, 현대 기독교 춤)라고 하는 장르를 선별해 아이와 어른이 함께 호응하도록 하는 식이다.

목회자의 역할

그런데 이렇게 예배마다 다른 장르의 춤을 선보이려면 교회 내 목회자의 도움이 필요하다. 그런데 현실은 목회자들이 이에 대한 지식이 전무하다는 것이다. 기독교 무용을 들어본 적도 없는 이들도 있고 이걸 안다고 하더라도 어떤 식으로 활용해야 하는지 모르는 경우가 태반이다.

교회 내에서 전문가가 있어 무용단을 만들거나, 담임 목회자의 무용에 대한 지식과 필요성으로 추진하지 않는 한 어려운 환경에 처해 있다.

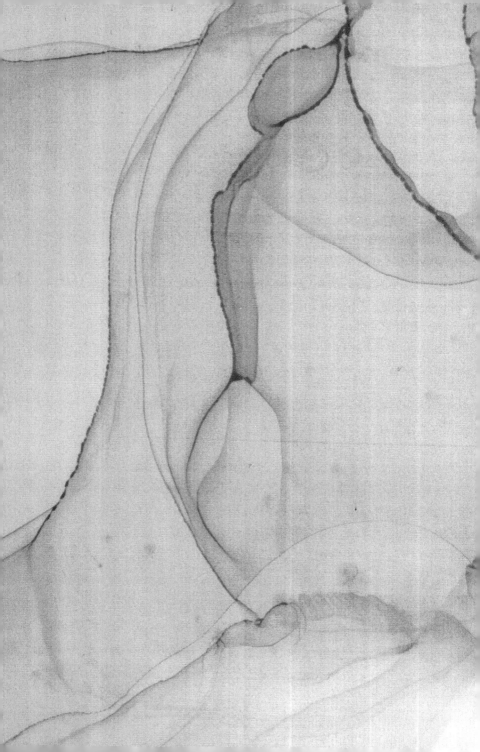

CHAPTER 2

어떻게
교회 문화 예술로서
무용을 전파할 것인가

예배 성공의
비결

생각해 보자. 교회 내에서 십자가를 형상화하고 하나님의 말씀을 조각화해서 곳곳에 붙여 두는 이유가 무엇인가? 기독교의 상징이기도 하지만 예술은 보이지 않는 힘이 있다.

한마디로 영적인 힘이 있는 것이다. 찬양 또한 그러한 영적인 힘으로 회중에게 은혜를 주기 때문에 찬양은 바람직한 예배의 모습이다. 예배 무용 또한 찬양의 한 방법으로서 예배에 사용되어지는 것이 마땅하다.

기독교 무용은 더 높은 단상에서

나는 문화 예술이 예배를 부흥시키는 비결이라고 생각한다. 회중이 감동받는 예배를 위해 예배 무용은 가급적 회중이 잘 볼 수 있는 높은 단상에서 이뤄져야 한다.

노래와 다르게 무용은 머리끝부터 발끝까지 다 봐야 한다. 그런데 의자에 앉은 회중보다 낮은 바닥에서 무용을 한다면 회중은 의자와 앞사람의 머리에 가려져 무용수가 어떤 춤을 추는지 알 길이 없다.

이런 무용이 회중에게 은혜가 될 리 만무하다. 물론 대형 스크린 화면으로 띄워서 보여 준다고 하지만 화면으로 보이는 은혜와 감동은 10%도 채 되지 않는다.

왜 우리가 극장에 가서 공연을 보는가? 왜 전시회장을 가는가? 현장에서 느끼는 감동이 다르기 때문이다. 예술은 이렇게 공간적 영향을 많이 받는다. 하물며 예배 무용은 어떻겠는가? 찬양의 메시지를 드러내야 하는 예배 무용이 이보다 무시되어서는 안 되지 않을까.

예술은 율동이 아니다

설교 말씀을 들을 때 절대 졸지 말라고 하는 목회자들은 봤어도, 예배 무용을 할 때 회중이 잘 보이도록 단상을 높여야 한다고 주장하는 목회자는 몇몇에 불과하다. 찬양대와 찬양단을 위한 자리와 여러 가지 악기, 마이크 등은 제공해 주면서 예배 무용은 여전히 푸대접을 받고 있다. 예배에서 무용의 자리를 내어 줄 수 없다면 무용 자체를 하지 말아야 한다고 생각한다. 예배 무용을 단순한 이벤트 차원으로 끌어내릴 게 아니라면 말이다.

언제까지 예배 무용은 성도들의 이목을 끌기 위한 도구로 전락해야 할까? 보여 주기식, 우리 교회도 이런 걸 한다는 식의 태도가 필요한지 나는 목회자에게 진심으로 묻고 싶다.

앞으로 한국 교회가 해결해야 할 과제 중 하나로 예배 무용에 대한 인식과 환경을 바꾸어야 한다. 예배 무용이 정말 필요하다고 생각한다면 목회자의 인식부터 바뀌어야 하고 교회 내에의 환경부터 달라져야 한다.

목회자의 생각이 바뀌면 회중의 생각도 자연스럽게 바뀐다. 회중이 은혜를 받는 예배가 되면, 이는 자연스럽게 하나님이 기뻐하는 예배가 되는 것이다.

회중이 감동을 받을 때 은혜가 위로부터 내려오고, 그 위에서부터 내려온 은혜가 옆으로 퍼져 이웃에게 전달되고 그 영광은 다시 하늘로 올라가는 것이다.

은혜를 받은 성도들은 어떻게 변해 갈까.

자연스럽게 내 이웃을 향한 사랑과 봉사로 이어지지 않을까. 그래서 십자가는 위로부터의 은혜와 옆으로 뻗어 나가는

사랑을 상징한다. 이것이 이루어질 때 예배는 완성되고 신앙
은 자연히 성숙되어진다.

예배 무용의
의미

...

기독교 무용은 하나님을 향한 내용을 담은 모든 춤을 포괄하는 단어이다. 기독교 무용은 크게 교회 안의 무용과 교회 밖의 무용으로 나눌 수 있다. 교회 무용 안에는 예배 때 행해지는 예배 무용과 헌금무, 행사를 위한 발표 무용, 부서의 활동으로 행해지는 건강 체조 등 교회 안에서 사용되어지는 모든 무용(춤, 율동)을 교회 무용이라 한다. 교회 밖에서의 무용은 주로 공연에 적합하다는 특징을 가지고 있는데, 가장 대표적인 기독교 무용으로 '지저스 크라이스트 슈퍼스타', '십계'등이 있다. 이처럼 기독교 무용이라는 큰 틀 안에 교회 무용이 있고, 교회 무용 안에 워십 댄스, CCD, 수화 율동 등 여러 형태의 무용이 행해지고 있다.

성경 고린도 전서 6장 19-20절 말씀을 보면 "너희 몸은 너희가 하나님께로부터 받은 바 너희 가운데 계신 성령의 전인 줄을 알지 못하느냐 너희는 너희 자신의 것이 아니라 값으로 산 것이 되었으니 그런즉 너희 몸으로 하나님께 영광 돌리라"고 명시하고 있다. 그러므로 우리는 몸의 주관자는 하나님이

심을 인정하고 몸을 악기 삼아 하나님께 찬양 드리는 것이
마땅하다.

신학대학 내 제대로 된 기독교 무용 교육이 없다

나는 오랫동안 대학 강단에 서면서 매일매일이 도전의 연
속이었다. 예배란 공간에서 이뤄지고 무용은 예배를 위해 현
장에서 행동해야 하는 분야이지만 당시에는 이런 인식이 전
무할 때였고, 이를 꼭 필요하다고 인식하는 사람도 없었다.
일반 대학교에도 다 있는 전면 거울이 설치된 연습실이 신학
대학교 학과 안에는 하나도 없었다면 말 다 한 것 아닌가.

강의를 하면서 연습실은 꼭 필요한 부분이라 학교에 요청
을 했더니 신학대학 내에서 기독교 무용은 있어도 그만, 없어
도 그만인 과목으로 치부하며 굳이 이런 비용을 투자해야 하
냐는 답변이 돌아왔다. 이렇듯 거듭된 벽에 부딪히면서 기독
교 무용 과목이 과연 목회 현장에서 쓰일 수 있는지, 꼭 필요
한 과목인지에 대한 회의가 생겼고 위기가 왔다.

기독교 무용은 교양 필수 과목도 아닌 선택 과목이고, 학

생들이 학점을 편하게 따기 위한 하나의 과목에 그치고 마는 것이다. 혼자서 이 벽을 극복하기란 너무 컸다.

하지만 내가 느꼈던 수업 현장에서의 감정은, 수업을 통해 학생들은 기독교 무용에 관심과 열정을 갖게 되었다는 거였다. 무용이라고 하면 사람들은 어렵게 생각하지만, 사실 생명이 있는 모든 것은 전부 움직임을 갖고 있고, 살아 있는 생물이라면 누구나 이렇듯 움직인다. 이것 또한 하나의 무용이 될 수 있는 것이다.

우리가 태아였을 때 엄마의 뱃속에서부터 우리는 움직임을 갖고 태어난다. 이것은 무용이 발생한 첫 번째 기원이 된다.

두 번째 무용의 발생 기원은, 인간은 아주 오래전에 언어조차 없었다. 동물처럼 짖기도 했고 이후에는 손동작과 발동작 등을 통해 커뮤니케이션을 했다. 그러니까 무용은 어찌 보면 언어의 발전 과정에서 자연스럽게 진화해 온 예술 장르인 것이다.

무용의 힘

언어가 전혀 통하지 않는 외국에 가더라도 그 나라의 언어를 몰라도 보디 랭귀지로 대화가 통하지 않던가? 이것이 바로 무용의 힘이다.

세 번째 무용의 발생 기원은, 원시 시대 제사를 보면 신을 향한 춤이 반드시 필요했다. 또 당시 사람들은 슬플 때나 기쁠 때, 그리고 축제에서 춤을 췄다. 그 과정에서 무용이 만들어지고, 형식이 갖춰지면서 교회 안에서도 점차 발전해 나갔다. 그것이 오늘날 워십 댄스라는 이름으로 흔히 보이는 장르인 것이다.

정리하면, 무용이라는 것이 반드시 한국 무용이나 발레처럼 어떤 규칙이나 동작으로 정형화된 틀로 구현되지만은 않는다는 것이다. 이것이 없더라도 우리가 마음속에 가지고 있는 내면을 표현하는 것 또한 무용이다. 세상에 무용으로 표현되지 못할 것은 없다.

이런 부분을 학생들에게 알려준 후에는 성경에 나타난 무용의 형태를 가지고 수업을 한다.

성경 속 예배 무용

성경 곳곳에는 여러 형태의 무용이 나타나 있다. 무용은 성경 안에서 어떻게 쓰였을까.

하나님의 언약궤가 들어올 때 다윗의 춤이 대표적이다. 서민 출신으로 왕이 되었던 다윗의 춤은 당시 왕실에서 추던 고급스러운 춤은 아니었다. 바지가 흘러내리도록 하나님 앞에서 추던 춤은 지극히 서민적인 몸짓이다.

그런 모습으로 춤을 추는 다윗을 아내 미갈이 비난한다. 미갈은 원래 왕족 출신이었기에 그녀의 관점에서는 신하들이 보는 앞에서 저급해 보이는 춤을 춘 다윗이 이해가 가지 않았던 것이다.

하지만 이때 춤을 춘 다윗은 사람의 평가를 받기 위한 것이 아니라 오직 하나님만을 보고 춤을 췄다. 이것이 성경에 나오는 예배 무용의 중요한 사례가 된다.

두 번째로는 미리암이 소고를 잡고 춤을 춘 사례가 나온다.

전쟁에서 승리했을 때의 기쁨을 춤으로 표현한 것이다. 이후에도 성경에는 곳곳에 감사의 춤이 등장한다. 포도 축제 때 여인들이 춤춘 장면, 장례식에서 슬퍼하면서 춤을 추었던 장면도 있고, '예수 찬양'이라는 서적에는 예수님이 중앙에 서고 제자들이 원을 그려 돌며 성찬식을 거행한 장면이 나온다. 이 역시 예배 무용으로 간주할 수 있다.

선한 춤과 악한 춤

물론 선한 춤만 있는 건 아니다. 악한 춤도 있다. 헤로디아의 딸 살로메가 세례 요한의 머리를 요구하기 위해 왕 앞에서 추는 관능적 춤도 있다(마 14장). 이때의 춤은 일상적으로 남자들을 유혹하기 위한 춤으로 춤사위가 전혀 다르고, 의상도 확연하게 차이가 있다. 성경에 나오는 춤들을 살펴볼 때 하나님을 향한 거룩한 춤과 살로메의 춤과 같은 악한 춤이 존재한다.

즉, 하나님 앞에서 추는 춤 그리고 사람 앞에서 자신이 원하는 바를 얻기 위해 타락한 춤을 추는 것 등을 구별할 수 있어야 한다. 학생들에게 이런 점을 강의하면 그동안 자신들이 전혀 몰랐던 지식에 놀라워한다.

수업 중 어떤 학생이 질문을 해 왔다.

"예배 시간에 춤을 추는 게 성경적인가요?"

이 학생은 보수적인 교회에서 신앙생활을 했었기에 이렇게
묻는 것이었다. 나는 확신을 갖고 대답해 주었다.

"예배 시간에 추는 춤은 절대로 성경에 어긋나는 게 아닙
니다. 오히려 지극히 성경적인 거예요(시편 148-150). 하나님이
요구하시는 것이기도 해요. 춤이 거룩하지 않다면 세상에 움
직임 자체가 없었어야 합니다. 심지어 오래전 원시 시대 때
하나님의 존재 자체를 몰랐을 때에도 신에 대한 제사를 드리
면서 춤을 춘 것처럼 춤은 하나님이 인간에게 내려 준 본능
적 행위입니다."

이런 본능이 우리 안에 있는 걸 보면 하나님은 그저 예배
시간에 가만히 앉아 설교만 듣는 수동적인 예배가 아닌, 춤
과 찬양이 흠뻑 뒤섞여 전심을 다하여 드리는 예배를 더욱
원하실 것이다.

이런 요소들이 예배 가운데 자연스럽게 묻어나야 한다. 이
미 미국처럼 우리보다 앞선 기독교 문화를 가진 곳에서는 예

배 시간에 무용(춤)이 자주 사용된다. 목회자와 회중이 하나가 되어 찬양을 부르며 박수를 치고 몸을 흔들기도 한다. 또 봉헌을 할 때 무용수가 뒤따른다든가, 무용수의 짧고 간단한 동작으로 이루어진 입례무로 예배를 시작하기도 한다.

어느 날 현재 내가 섬기는 교회의 담임 목사님께서 찬양 예배 때 부르는 입례송인 찬송가 38장 '예수 우리 왕이여'에 무용 안무를 부탁하셨는데, 전 교인이 입례 찬양을 부르며 율동하는 것을 원하셨다. 연세도 꽤 많은 목사님이신데 어떻게 이런 열린 생각을 하신 것일까 놀라웠다. 목사님의 부탁에는 인터넷에 있는 율동 말고 내가 안무를 해야 하며, 남녀노소 할 것 없이 전 교인이 따라 할 수 있는, 간단하지만 메시지가 잘 드러나는 율동을 원하셨다. 열심히 기도하며 안무하였고 지금까지 목사님과 전교인이 함께 입례무로 예배에 더 많은 은혜를 받고 있다. 나는 모든 교회들에게 강력히 권유하고 싶다. 얼마나 예배가 풍성해지고 은혜로운지 꼭 경험해 보시길 바란다.

이런 장면을 실제로 보면 예배 무용이라는 게 굉장히 성경적이고 합당한 일이 아닐 수 없다. 우리는 무용을 너무 어렵게 생각해서 이런 무용은 아무나 할 수 없다고 하지만 간단한 몇 동작만으로 어느 교회나 이런 무용을 시도를 해 볼 수 있다. 하고 싶지만 어떤 찬양을 해야 할지, 간단한 동작이지만 무용이란 단어가 막막하게 느끼는 교회에서 내게 도움을 요청해 오기도 한다.

이제는 입례무뿐만 아니라 목사님의 축도가 끝나면 '하나님은 당신을 통해'라는 찬양을 부르며 폐회무를 하는데 목사님과 성도들이 앞, 뒤, 옆으로 바라보면서 율동으로 서로 마음껏 축복하고 사랑을 전하며 교회 문을 나선다. 이 폐회무를 하면서 내가 하나님께 받은 가슴 벅찬 사랑을 성도들과 함께 나누는 감격은 글로 다 표현하기 힘들 정도이다. 입례무

목회자와 회중이 함께 드리는 입례무

와 폐회무의 장점은 제자리에서 손동작만으로 이루어지기 때문에 넓은 공간을 필요로 하지 않는다. 또 비교적 쉽다는 장점이 있기에 모든 교회에서 시도해 볼 만하다. 앞서 얘기했듯이 동작이 간단하고 쉽기 때문에 꼭 전공자가 아니어도 성도 누구나 율동 인도자로 세움 받을 수 있다. 찬양단과 함께 율동 인도자가 앞에서 인도하면서 목회자와 온 회중이 한마음으로 찬양드릴 수 있다.

무용은 일상 속에서도 계속된다. 예배에 무용을 행하기 위해 일상 속에서 계속적인 연습을 통하여 하나님을 찬양하게 되므로 삶이 온몸으로 드리는 예배가 되는 것이다.

한국적인 문화도
예배 무용이 될 수 있다

...

나의 또 다른 질문은 이것이다.

우리 문화는 기독교와 접목되면 왜 안 되는가?

한복 입은 성모 마리아와 아기 예수

기독교는 서양에서 들어온 종교이지만, 서양만의 기독교는 아니다. 진리가 어디 수입될 수 있는 것인가. 하나님은 유럽에만 계신 하나님이 아니다. 전 세계 모든 사람들이 하나님께 예배를 드릴 수 있다.

우리는 각자의 하나님이 있고, 어느 한 사람이 하나님을 독점할 수 없는 것처럼 예배 무용 역시 미국과 유럽의 예술 장르를 반드시 따를 필요는 없다. 처음 한국에 기독교를 전파한 외국 선교사들이 전해 준 양식을 우리만의 형식으로 바꿀 필요가 있다. 지극히 한국적인 예배를 드리자는 것이다.

한국 기독교 역사에 빠질 수 없는 길선주 목사는 장로회 신학교 1회 졸업생이며 한국 최초 장로교 목사 7인 중 한 사람으로 한국 가락으로 찬송을 불렀다고 한다.

정해진 예배 형식은 없다

옳은 예배의 형식, 정해진 예배의 형식이라는 것은 없다. 예배의 본질이 바뀌어선 안 되지만, 각 나라마다의 문화가 있는 것처럼 예배 형식 또한 얼마든지 바뀌고 달라질 수 있는 것이다. 아프리카에 가면 북을 치고 발을 구르면서 찬양을 부르고 예배를 드리는 것처럼 말이다.

하나님은 각 나라 사람들이 저마다의 형태로 예배드리기를 바라고 계실 것이다. 한국적인 요소, 한복을 입고 꽹과리와 북을 치면 다 미신적인 것이고 모두 나쁜 것이라면 문화적 편견이요, 무지이다.

이렇게만 생각한다면 우리 기독교인 스스로가 우리의 소중한 문화를 모두 말살시켜 버릴 위험이 있다.

오해하지 말기를. 나는 지금 점을 보고 굿을 하자는 말을 하는 게 아니다. 한국 고유의 문화를 살려서 예배를 드리는 것이 얼마나 중요한지를 설명하려는 것이다.

물론 이미 이런 한국적 문화 형태의 예배를 드리는 교회가 있다.

박사 과정 수업 중 총장님과 경기도 가평의 성실 교회를 견학하게 되었는데 오래된 한옥을 그대로 보존한 채 예배당으로 쓰고 있었으며 우리의 옛 문화 그대로 예배를 드리고 있었다. 그 당시 문화적 충격을 적지 않게 받았다.

교회 안에 이른바 서양의 것이라고 할 만한 것이 전혀 없었다. 예배당 앞에 서 있는 장승에는 성경 말씀이 새겨져 있고, 천장의 기둥에도 성경 말씀이 적혀 있었다. 의자도 없이 바닥에서 예배를 드리는데 그 방식이 거룩하면서도 감동이 있었다.

찬송 또한 오래전부터 구전으로 내려오는 민요에 찬양 가사를 붙여서 부르고 있었다. 우리나라에 이런 교회가 있다니.

| 성실교회 천장에 새겨진 성경 말씀 | 장승에 새겨진 성경 말씀 | 교회 내부에 마련되어 있는 성수 |

교회 내부

우리 안에 뿌리박힌 문화적 편견

그런데 한국의 교회는 외국의 민요를 찬송가로 개조해서 부르는 문화에 익숙하다. 그것만이 하나님이 기뻐하시는 찬송가라 여기며 우리의 민요에 찬양의 가사를 붙여 부르면 하나님 말씀에서 벗어난 속된 것처럼 인식한다.

하지만 이것은 분명히 문화적 편견이다. 우리가 일상적으로 사용하는 컵을 예로 들어 보자. 컵 자체에 선악이 존재하는가? 컵은 단지 그냥 컵일 뿐이다. 이 컵에 무엇을 담느냐에 따라서 컵은 선하게 구별될 수 있고, 악하게 쓰일 수도 있다.

피아노 그 자체는 선이나 악이 아니다. 피아노를 예배 목적으로 쓰면 찬양 도구가 되는 것이고, 이를 주술하거나 사탄을 찬양하는 데 쓰이면 악마적 도구가 될 뿐이다.

무용 또한 마찬가지다. 무용 그 자체는 세속적인 것이 아니다.

하나님 앞에 쓰인다면 무용은 하나님을 예배하는 도구가 되는 것이고 그 무용이 반영된 제사는 하나님 앞에 영광이 되는 것이다.

우리는 외국의 교회 문화만을 진리인 것처럼 그만 고집해도 된다. 이제는 우리 것을 살릴 때가 되었다. 한국 기독교 문화의 발전과 성장을 위해서 반드시 넘어야 할 과제이다.

한 번은 이런 적도 있었다. 물론 예배에서 무용이 처음 시도되던 오래전 이야기이긴 하지만 예배 무용을 하기 위해 당시 오색이 섞인 가슴띠를 두른 한복 의상을 입고 무용을 하려고 하니 회중석에서 웅성거리는 소리가 들렸다.

"그런 옷은 점쟁이나 무속인이 입는 옷이 아닌가요?"

이런 반응이 대다수였다. 의상에 색동이 들어가면 전부 우상적이고 속된 것인가? 이 생각은 한국 교회가 우리 문화를 열등하게 보는 특유의 편견이라고 본다. 색 자체에 그 어떤 선악이 있는 게 아닌데 말이다. 색은 그냥 색일 뿐이다.

색동옷을 입고 하나님 앞에 영과 진리로 찬양을 드리면 이것은 찬양의 도구이지 사탄의 모습이 아니다.

사물에는 선악이 없다

과거 일부 무속인이 색동옷을 입었다고 해서 색동옷 자체가 무속인의 옷인 것처럼 생각하는 건 지나친 해석이다.

이런 잘못된 생각을 하나씩 바꾸어 가는 것이 오늘날 한국 교회의 숙제이다. 이런 인식의 연결 고리를 끊으려면 미래의 목회자가 될 신학생들에게 이를 가르치는 것이 중요하다는 생각에는 변함이 없다.

나는 이것을 내 삶의 중요한 미션이라고 생각한다.

이렇게 우리 문화를 모두 말살시켜 버리면 한국의 교회 문화는 어떻게 될 것인가? 나는 심히 우려스럽다. 한국의 기독교인은 한국의 문화 또한 사랑할 줄 알아야 한다. 각 나라의 문화는 하나님이 주신 것이다.

물론 문화가 태동할 당시의 환경이 기독교 문화가 아니었다고 해도, 이 문화의 탄생은 하나님이 허락하신 것이다. 나무 한 그루, 풀 한 포기도 태초에 하나님이 만드신 것일진대, 삶의 편리와 풍요에 의해 생긴 문화 자체를 왜 거부해야 한다는 말인가. 문화 자체는 귀한 것이다.

신학생들에게
기독교 무용을 가르치는 이유

...

내가 대학에서 이런 내용을 강의하면서 문제의식을 제기하면, 신학생들은 진지하게 이를 고민하고 문제의식을 공유한다. 이전에는 살면서 한 번도 생각해 보지 않은 문제라고 학생들 스스로 얘기하며 더욱더 진지하게 받아들인다.

내 강의를 듣고 학생들이 이런 반응을 보이면 강의의 보람을 느낀다. 물론 나는 여기서 그치지 않고 한 걸음 더 나아간다. 우리 사회에 한국적인 악기와 무용으로 예배를 드리는 사례를 한 번 찾아보라고 권유한다. 예배 시간에 장구도 치고 징도 쓰는 그런 예배 말이다.

이벤트가 아닌 예배의 요소

다행히 요즘은 국악 악기를 예배에 쓰는 교회들이 많아지고 있다. 더 많은 교회들이 국악 찬양을 드렸으면 하는 바람이다.

국악 찬양은 단순한 이벤트가 아니라, 엄연한 예배의 한 요소임을 알아야 한다.

예배에 이런 시도를 해도 될까? 회중의 반응은 어떨까? 이런 것들이 목회자의 고민일 것이다. 하지만 막상 이렇게 해 보면 회중의 반응이 꽤 좋다. 나 역시 현재 섬기는 교회에서 다양한 시도를 하는데 그때마다 회중은 신기해하면서도 은혜를 받는다.

한 번은 감사절 예배에 태평무 의상을 입고 머리에 가발의 한 종류인 '가채'를 쓰고 국악 찬양 곡에 맞추어 궁중 무용을 했는데, 예배에 자연스럽게 녹아들면서 은혜를 받았다고 하는 분들이 많았다.

서울 장신대 추수 감사절 예배 무용 '오늘은 좋은 날' 태평무 의상

나는 이런 새로운 시도를 하면서 누군가는 반드시 해야 하는 일이라는 사명감으로 계속해서 더욱 한국적인 것을 찾아 예배 무용에 접목해 본다.

문화에 열광하는 성도들

성도들은 처음엔 낯설어하지만 시간이 지날수록 한국적 예배 무용에 친숙해진다. 만약 내가 회중만을 만족시키려고만 했다면 이런 시도를 할 수 있었을까? 나는 이렇게 새로운 예배 무용을 시도할 때 먼저는 다윗처럼 하나님만 바라보고 회중이 무용수와 한마음으로 은혜받기를 간절히 간구했다.

나 역시 얼마든지 사람들이 좋아하는 춤, 교회에서 인기가 많을 것 같은 워십 댄스만 출 수도 있다.

그렇게 했다면 전국의 여러 교회에서 초청도 더 많이 받았을 것이다.

하지만 나는 사람을 만족시키는 것보다 하나님을 만족시키는 것이 중요하고 하나님이 기뻐하시는 무용수이길 원한다. 내 마음을 하나님께 두었기 때문에, 다른 사람들의 시선이나 평가를 의식하지 않을 수 있었던 것이다.

목회자와의 갈등도 피할 수 없었다.

한 번은 교회 임직 예배 때 무용을 하게 되었는데 향유를 들고 인도풍의 춤사위로 축무를 했다. 무용의 내용을 더 잘 전달시키기 위해 이마 가운데에 아주 작은 큐빅으로 된 '빈디'를 붙이고 리허설을 하고 있었다. 물론 이 빈디 하나 붙이고 안 붙이는 것이 무용에 큰 영향을 주는 것은 아니지만 안무의 연장선에서 춤사위를 더 부각시키는 효과가 있기에 빈디라는 소품을 사용한 것이다. 그때 한 전도사님이 내게 와서 이마에 붙인 것을 떼 달라고 요구한 적이 있었다. 아마도 빈디의 미신적인 것을 생각하셨던 것 같다.

하지만 나는 그것이 성경과 무슨 상관이 있는지, 왜 떼야 하는지 납득할 수 없었다. 나는 큐빅 하나에 우상적인 의미를 부여하는 것 자체가 성경적이지 않다는 판단에 주장을 굽히지 않았다. 나는 의상과 소품을 사용할 때 미리 성경에 벗어나거나 우상적인 것이 없는지 충분한 검토를 거친다.

담임 목사님은 이런 나의 새로운 시도를 묵묵히 지켜봐 주셨다.

모든 빈디가 다 미신적 의미만 부여하는 것은 아니다. 물론 뱀 모양의 빈디나 눈동자 모양의 빈디는 우상을 상징하며 눈동자가 자신을 보호해 준다는 미신적인 의미가 있다. 큐빅과 같은 빈디는 인도 여성의 매혹적이고 아름다운 눈동자에서 시선을 분산시키기 위한 의미로 사용되어지기도 한다. 이렇듯 이마에 붙인 작은 큐빅 하나에도 이런 미신적인 의미를 부여한다면 우리는 하나님 앞에 무엇을 드릴 수 있겠는가. 우리가 어떤 것을 평가할 때는 본질을 봐야 한다. 그러면 빈디를 붙이는 인도 사람들은 교회의 문턱을 넘을 수 없고 구원받을 수 없다는 엄청난 결론에 이를 것이다.

무엇이든 처음 한두 번으로 변화가 일어나기는 어렵다. 특히 무용처럼 문화적인 영역이라면 최소 몇 년, 아니 수십 년을 도전해야만 미약한 변화라도 만들어 낼 수 있지 않을까.

2023년이 된 지금의 현실도 여전히 많은 어려움과 벽에 부딪히지만 포기하지 않는 것은 달라지는 변화 속에 사람들이 교회를 떠나지 않으며 살아 움직이는 예배가 되어 하나님을 영화롭게 하는 것이 나의 사명임을 믿기 때문이다.

기독교 문화는
찬양이 전부일까?

...

그동안 기독교 문화라고 하면, 세상의 공연 방식을 모방하면서 기독교의 메시지를 그 안에 입히는 방식으로 대중화되어 왔다. 대표적으로 90년대 대학가를 중심으로 부흥의 계기를 만든 '경배와 찬양'을 들 수 있을 것이다. 기타를 들고 찬양하는 경배와 찬양은 한국 교회의 새로운 찬양 문화를 만들었다는 점에서 기독교 문화의 중요한 전환점이다.

경배와 찬양이 일으킨 기독교 문화

당시 거의 대부분의 한국 교회가 이 찬양 문화를 받아들였다. 교회마다 찬양팀을 밴드로 두고, 경배와 찬양의 형식을 도입했다. 이렇게 대중문화에서 선보이던 공연의 요소들이 가미되면서 회중은 예배의 분위기에 자연스럽게, 그리고 더욱 깊게 몰입할 수 있었던 것도 사실이다.

경배와 찬양을 통해 한국 기독교 문화는 형식이 완전히 바

꿰었다고 해도 과언이 아니다.

나는 경배와 찬양이 기독교 문화를 이끌었다는 데 동의하지만, 당시부터 몇 걸음 나아가지 못한 현시점의 안타까움도 지적하고 싶다.

경배와 찬양이 큰 인기를 끌었던 이유는 회중의 자발적 참여를 이끌어 냈기 때문이다. 하지만 오늘날에는 이와 유사한 기독교 문화가 더 확장, 부흥하지 못하고 있는 실정이다.

기독교 미래학자인 제너드 스윗은 "그리스도의 지체는 참여하는 공동체"라고 말한 바 있다. 이제는 의자에 앉아서 가만히 예배만 드리는 평신도는 없다.

교인들은 앉아서 훈육되어야 할 대상이 아니라 목회 활동을 더욱 풍성하게 돕는 파트너라고 여겨야 한다.

앞으로의 목회자는 이처럼 교인을 목회에 참여시키고 더 예배를 풍성하게 하는 리더십을 발휘해야 한다.

목회자가 이끄는 수동적 예배

그런데 오늘날의 현실은, 오늘날의 예배 문화는 어떤가? 여전히 목회자는 높은 단상에 올라 설교를 하고, 회중은 이를 수동적으로 받아들이는 문화를 고집하고 있지는 않은가?

우리는 여전히 갈 길이 멀다.

나는 교인들이 가진 자발적인 역량을 끌어내어서 문화 목회를 구축하는 일이 오늘날 한국 교회에 가장 시급한 과제라고 감히 선언한다. 더욱이 문화 목회의 경우, 목회자 혼자서는 감당할 수 없기 때문에 목회자는 다양한 은사를 가진 회중의 참여를 유도해야 한다.

문화적 창조력과 은사의 조화

특히 실제 현장 사역의 경우, 교인들로 하여금 문화적 창조력과 은사를 토대로 구체적인 실행을 하도록 독려하는 것이 무엇보다 중요하다. 단지 목회자의 일방적인 지시와 명령이 아닌 목회자와 교인이 서로의 이야기를 경청하고 수용하며 대안을 모색하는 소통의 장을 만들어 나가야 한다.

예배 무용의
활용

...

"이 백성은 내가 나를 위해 지었나니, 나를 찬송하게
하려 함이니라(이사야 43장 21절)"

하나님께서는 브살렐을 부르신 것처럼 하나님의 영광을 위
하여 예술가에게 하나님의 영으로 충만하게 하시고, 감동과
예술적 능력을 주셔서 하나님을 찬양하도록 하셨다. 그렇다
면 현실에서 우리는 예배 무용을 어떻게 사용해야 할까. 무
용은 잘 활용하면 예배의 가치를 높일 수도 있지만, 그 반대
의 결과가 나올 수도 있어서 세심한 접근이 필요하다.

오늘날에는 예배 무용을 예배의 일부분으로 사용하는 경
우가 많다. 이때 예배 무용을 어느 때 어떤 순서로 정할지,
분량은 어떻게 할지도 신중하게 접근해야 한다.

예배 무용을 도입하는 교회에서 주의해야 할 몇 가지 포인
트가 있다.

첫째, 예배 무용은 하나님께 영광을 돌리는 수단이라는 것
이다.

예배 무용은 하나님의 존재와 그의 현존을 회중 가운데 드러내는 것이기에 하나님의 말씀이 몸으로 구현되었는지를 살펴봐야 한다.

둘째, 무용을 하는 사람이 예배 무용을 자아실현의 도구로 사용하거나 스스로를 드러내는 도구로 사용해서는 안 된다는 것이다.

이는 예배 무용을 전문으로 하는 나 또한 항상 경계하는 것이다. 하나님의 소유인 몸을 통해서 영광을 드러내는 것에 온전히 집중되어야 한다.

셋째, 예배 무용은 신앙의 토대 위에서 이루어져야 한다는 것이다.

그러기 위해서는 예배 무용을 하는 무용수의 신앙이 굳건하게 서 있어야 한다. 예배 무용가가 하나님과의 만남을 통해 그 안에서 자신을 몸의 언어로 표현할 때 그 무용은 은혜의 결과를 만들어 낼 수 있다.

예배 무용의 무대 의상 디자인에 관해

무대 공연인 무용 분야는 일종의 종합 예술로써 자기 신체를 통해 행하는 예술이지만 음악, 의상, 조명 등이 직접 연결된다. 현대는 무대 구성을 이루는 요소들이 영역별로 다양해지면서 각 분야가 전문화되고 있는 실정이다.

특히 그중 무용 의상은 무용수와 가장 밀접히 연결되어 있으면서 작품의 주제를 표현하는 가장 중요한 역할을 담당하기도 한다.

무용 의상의 경우 작품의 주제와 의상 디자인의 특징, 그리고 무용수의 캐릭터와 동작, 무대의 조명 효과 등이 어우러져 표현된다.

무용 의상의 색채는 작품의 이미지와 무용수의 캐릭터를 전달하는 데 효과적이고 특히 무대 조명과의 관계를 고려해야 하며 조명에 따라 다양한 색상과 톤의 변화를 줄 수 있어서 같은 색이라고 해도 이미지 연출을 다양하게 할 수 있다.

이러한 무용 의상은 성경 속에서도 그 흔적이 나타난다. 출애굽기를 보면 "제사장들은 오직 주어진 일에만 열중하도록 명령되었고, 임무에 맞는 성별된 예복을 입었다"라고 기록

되어 있고(출 28:40~43), 제사장들과 마찬가지로 음악을 맡은 레위인들 역시 성별된 복장(대상 5:12, 15:27)을 입었다고 나와 있다.

성경에서도 나와 있듯 무용 또한 하나의 예술 작품으로 묘사와 상징을 통해 효과적인 의미 전달의 매개물이 된다. 문화 예술은 성경, 즉, 하나님 말씀과 떼려야 뗄 수 없다.

회중이 예술 작품을 경험하고 믿음으로 향하도록 하는 데 선한 영향력을 미치는 것이다.

실제로 교회 안에서 예배 무용은 무엇보다 예술적이어야 한다. 그리고 다양한 형식으로 복음을 재표현할 수 있도록 해야 한다. 나는 기독교적인 해석을 예술에 부여하는 것이야말로 문화 예술에 종사하는 기독교인들의 사명이라고 생각한다.

나 역시 예술가의 한 사람으로써 이러한 사제의 역할을 스스로 감당하고 있다. 예술은 마땅히 복음의 빛에 의해 조명을 받아야 하고, 예배 무용은 하나님의 말씀을 증거 할 수 있는 도구가 되어야 한다.

예배 무용의
가치

예배 무용은 '세계 모든 민족을 제자 삼아(마 28장 19절-20
절) 사마리아와 땅끝까지 이르러(행 1장 8절)' 복음을 전파하며
하나님을 영화롭게 하고 하나님의 말씀을 찬양함으로써 인
간의 삶을 풍요롭게 하는 데 그 가치가 있다.

20세기부터 성서 본문 연구에 바탕을 두고 예배 무용에 대
한 재해석이 이뤄지고 있다. 이런 학문적 추세는 예배와 종
교 교육에 있어서 춤을 사용하는 것에 대해 직접적인 계기가
되어 주었다. 그러나 예배 무용이 한국에 보급된 지 1세기가
지났지만 아직도 인식이나 활용도는 미흡한 실정이다.

나는 석사 논문을 쓰면서 서울, 경기 지역 소재의 신도 수
500명 이상의 중대형 교회에 다니는 신도 400명을 대상으로
기독교인들의 예배 무용에 대한 가치 인식을 설문 조사 한 바
있고 박사 논문을 쓰면서 한국 기독교 무용의 활성화를 위한
기초 연구로 기독교 무용 프로그램을 기획, 지도 또는 무용
단에 참여하고 있는 서울, 경기도 소재 기독교인 100명을 대
상으로 설문 조사를 했다. 한국 교회 내에서의 예배 무용의

인식은 긍정적이면서도 기존의 예배에서의 활용에 있어 제한
적인 활용과 기능으로 인해 교회 사역에 큰 호응을 얻지 못하
고 있었다. 그러나 이전까지의 연구에서 우려하고 있던 예배
무용에 대해 목회자와 신학생, 일반인의 의식 부족이 많이
나아졌고 인식의 긍정적인 반응은 앞으로 예배에서 무용의
가치와 발전에 희망을 가져다주는 결론을 얻을 수 있었다.

우리는 춤과 몸을 각각 구분해서 생각하는 경향이 있다.
그러나 몸이 곧 춤이 되고, 춤이 곧 몸이다. 정신은 몸을 위
한 것이고, 춤 또한 몸을 위한 것이라는 점에서 마찬가지다.

특히 예배에 있어서 춤은 성찬과 조화를 이룬다. 우리가
모든 생명체의 근본이라는 것을 상기시켜 준다. 예배 과정에
서의 춤과 영성체는 우리가 물질적 본질이라는 것을 깨닫게
해 주며 나아가 세상과의 연대를 이루도록 해 주기도 한다.
말씀의 경우 사람들을 뭉치게 하는 동인이 됨과 동시에 그
역할은 그와 비슷한 결합의 목적을 이루게 된다.

특별히 나는 설교와 춤, 그리고 기타 예배 활동의 기준 중
하나는 그러한 활동이 사회에 대한 인식과 세계의 성장에 대
한 의지를 유도하는 효과가 있다고 생각한다.

춤은 기독교 예배에서 가까이 있는 사람들을 공동체 안에

서 적극적으로 움직이게 하는 요소가 된다. 움직임을 통해 사람들은 역동적으로 서로를 바라보고 하나님과 자기 자신을 하나라고 생각한다.

특히 기독교 무용은 우리가 선교 활동이나 전도 활동을 할 때 불신자들에게 마음의 문을 열게 하고 은혜를 받게 한다.

무용을 평소 많이 접하지 못했던 사람이라도 무용수의 움직임으로 드러나는 내적 충동과 감정을 쉽게 발견하고 공감할 수 있게 된다. '움직이는 몸'에서 느껴지는 정신과 내면의 표현을 비언어적으로 즉각 느끼는 것이다.

나아가 이러한 안무의 한 형태로 무용 의상까지 중요하게 생각해야 한다.

"무용은 그 몸짓 자체가 중요하지 옷이 뭐가 중요해?"

이렇게 말씀하시는 분도 있지만, 춤에서 옷은 매우 중요한 역할을 한다.

많은 사람들이 알고 있는 작품 '백조의 호수'를 예로 들면 그 작품에서 어떤 의상을 입는 것, 다시 말해, 백조의 의상과 흑조의 의상 등 특정한 의상을 입는 것은 안무의 연장선이기도 하다.

특히나 무용 의상은 작품을 떠나서는 존재할 수 없고 무용 작품에서 몸과 옷은 떼려야 뗄 수 없이 공존하는 관계다. 이에 안무자 역시 의상을 동작의 연장으로 동작과 함께 의미를 전달해 주는 주체로 이해해야 한다.

나는 그래서 기독교 무용을 연구하고 안무하는 것 못지않게 기독교 무용 의상을 연구하는 것이 가치가 있다고 생각한다. 이는 무용 예술의 본질적 특징인 몸과 움직임에 대한 지식과 이해를 토대로 해야 하고, 보다 전문적으로 이뤄져야 할 것이다.

예배 무용은 최고의 가치를 하나님께 드리는 영혼의 찬양이자 동시에 몸의 찬양이다. 예배 무용은 하나님의 존귀와 영광 그리고 우리를 구원하신 놀라운 사랑과 은총에 감사하는 마음을 음악에 맞추어 온몸과 영으로 표현하고 경배하는 행위이다. 즉, 다시 말해 예배이자 동시에 찬양과 기도 그리고 헌신인 것이다.

매 순간 변화하는 동작과 표정, 제스처 등 모든 인간의 움직임이 담긴 몸과 이를 표현하는 움직임은 우리 삶을 구성하는 그 자체라고 볼 수 있다.

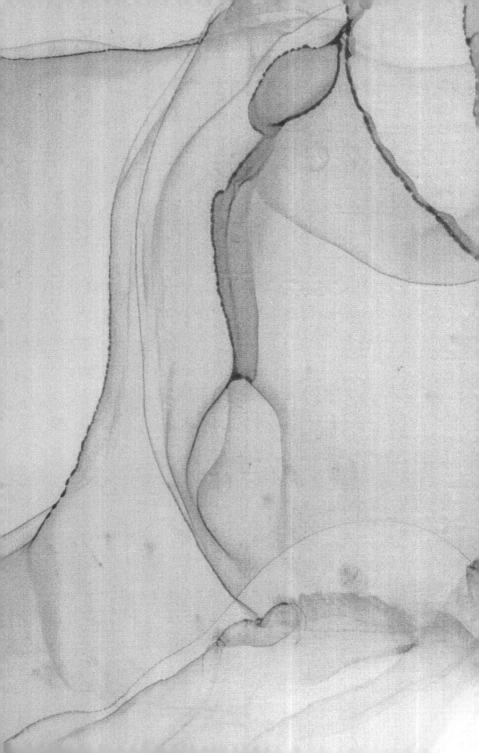

LAST WORD

마지막 제언 –
교회가 살아나려면…

교회 부흥은
문화에 달렸다

...

교회가 부흥하려면 문화를 수용해야 한다. 21세기 교회 변화의 핵심은 문화에 달려 있다고 해도 과언이 아닌 셈이다. 특히 이러한 문화 코드를 활용하는 것은 교회를 떠난 청년들에게 다시 교회를 찾도록 하는 접점이 될 수 있다.

이 때문에 교회는 철저히 목회적 관점으로 문화를 수용할 필요가 있다. 또 21세기에 교회가 살아남으려면 포스트모던 문화 속에서 복음을 구체적으로 세상에 내놓아야 한다.

문화사역만이 답이다

1990년대 후반부터 21세기 초반까지 '문화사역'이라는 용어는 교회 학교를 통해 익숙하면서도 빈번하게 사용되었던 용어다. 이는 교회 내부의 구성원을 대상으로 기독교적 진리와 교리를 보다 쉽게 이해하도록 돕기 위한 활동을 통틀어 일컫는 용어였다. 교회 안에서 기독교 콘텐츠를 생산하고 활용하는 이들, 또는 CCM 사역자들의 활동을 뜻하기도 했다.

1990년대 후반부터 한국 교회는 이른바 문화 선교라는 방법론에 힘을 집중하게 된다.

초창기 문화 선교의 대중적 사례는 바로 여름 성경 학교와 문학의 밤이다. 온 동네 아이들의 축제의 장으로 재미있는 이야기와 먹을거리를 마음껏 즐길 수 있었다. 그 시절 대부분의 가난한 아이들은 교회에서 문화적 체험과 교양을 자극받았다. 인형극 공연과 찬양을 통해 아이들은 교회에서 공연과 연주의 경험을 했다.

우리에게는 이러한 과거 신앙 전통이 문화적으로 경험된 기억이 많다. 문화 목회의 흔적은 역시 여름 성경 학교와 문학의 밤이었던 것이다.

교회는 세상과 분리되거나 단절된 것이 아니라 소통하고 지역 사회를 섬기는 교회가 되는 것이 주님의 명령을 실천하는 것과 같다. 현재 다수의 교회 예배는 신학자 니버의 말처럼 '문화를 변혁하는 그리스도'를 흉내 내고 있지만, 예술이 예배에서 제대로 설 자리를 마련해 주고 있지는 않다.

칼빈은 '예술은 하나님이 주신 은사로서 결코 멸시되어서는 안 되며 책임 있게 수행해야 하는 재능'이라고 말한다.

복음과 문화의 필수 불가결함

복음과 문화는 떼려야 뗄 수 없는 관계에 있다. 복음은 반드시 문화를 통해 표현되는데, 이는 문화의 가능성을 대변하는 것이 아니라 복음의 겸손함을 말하는 것이다.

문화적 표현과 무관한 복음이 존재할 수 있다고 믿는 이들은 주로 보수적 관점에서 대중문화나 세속 문화를 바라보는데, 이들은 문화적 변동 또는 도전에 대해 신경 쓰지 말고 신앙생활을 유지해야 한다고 말하곤 한다.

그리고 새로운 문화적 도전을 악으로 규정하거나 무조건 비판하는 성향도 있다. 그러면 그럴수록 그들은 자신들만의 영역에 고립되어 복음을 증거 할 기회를 얻지 못하기도 한다. 복음이 문화적 형식을 통해 표현된다는 것은 곧 교회 공동체에 부여된 선교적 사명과도 연결된다.

그렇기에 세상의 변화에 민감하게 반응해 복음을 더욱 잘 전달할 수 있는 방법을 부단히 찾아야 하는 것이다.

예배에서 예술의 행위는 하나님 나라의 삶을 표현하는 가시적 문화로써, 하나님이 행하시는 선교적 삶에 동참하여 복음을 증언하는 것이다. 그러므로 우리는 지역 사회와 무관할 수 없고 이웃에게 무관심할 수 없는 것이다.

다원화된 시대, 기독교 문화의 가치

민주화 이후 한국 교회가 문화적 지도력을 잃었다는 말이 들리기 시작했다. 이는 막대한 자본이 문화 산업에 투입되었기 때문에 교회가 생산해 내는 콘텐츠가 경쟁력을 가질 수 없게 되었다는 뜻일 수도 있다.

그러나 그 말의 진정한 뜻은 한편으로 민주적으로 다원화되어 가는 사회가 요구하는 바에 적합하게 응답할 만한 콘텐츠가 마련되지 못했다는 뜻이기도 하다. 한국 교회는 대중문화의 공연 형식이나 상업적 형식을 모방하면서, 그 내용만 기독교적 의미로 바꾸어 수용한 케이스가 대부분이다.

예를 들어 '경배와 찬양'으로 대변되는 한국 교회의 찬양 문화만 보더라도 그렇다. 초기에 '복음성가'라 칭해지던 찬양들은 '경배와 찬양'이라는 새로운 형식으로 대체되었고 거의 모든 한국 교회가 당시 이 찬양 문화를 받아들였다. 각 교회마다 찬양팀을 밴드로 구성하고 '경배와 찬양' 형식을 도입한 것이다.

대중문화에서 선보이던 공연적 요소가 가미된 이후 회중은 더 깊게 이러한 분위기에 몰입했다. 민주화 이후 폭발적으로 성장한 대중가요계의 영향력에는 못 미쳤을지언정, 경배와 찬양이라는 기독교적인 찬양 문화는 한국 교회의 문화적 형식을 완전히 바꾸어 놓기에 충분했다.

이러한 찬양 문화가 있었기에 이 땅의 많은 기독교 청년들이 대중문화의 엄청난 파도 앞에서 휩쓸리지 않았다.

문화는 성장을 위한
매뉴얼이 아니다

...

혼히 오해하는 것처럼 문화를 통한 목회라는 것은 교회 성
장을 위해 선택하는 매뉴얼이 아니다. 그보다 문화 목회는
하나님께서 세상 가운데 교회를 보내고, 나아가 이루기 원하
는 일을 성취하기 위해 문화적 성육신을 감당한다는 의미가
있다.

물론 이러한 문화 목회에는 기술적, 기능적 면도 필요하지
만 이는 어디까지는 본래 목적을 위해 필요한 것이다.

문화 목회의 실천은 교회 안팎으로 모두 필요하다고 볼 수
있다. 교회 내부에서는 문화적 역량을 위해, 교육을 통해 문
화적 감수성을 키우고 유연성을 훈련받을 수 있도록 해야 하
는 것이다.

우리는 문화 목회의 예배와 교육 방법론에 대해 연구하고,
개별 교회의 실정에 맞게 행함으로써 필요한 자료들을 공급
해야 한다. 또 교회에서의 무용을 문화 목회의 전면에 두고
더욱 풍성하게 만들어 나가야 한다.

교회에서 무용의 가치

특히나 교회에서 무용은 많은 이들을 변화시킬 수 있다. 더욱이 나는 예배 무용이 치유의 은사까지도 만들어 줄 수 있다고 믿는다.

내 주변에는 예배 무용을 접하고 삶이 바뀐 이들이 많다. 그중 몇 분의 사례를 들어서 소개해 보려고 한다.

내게 예배 무용을 배우는 이들 중에는 교회 내에서 신앙이 정체되어 있거나 삶이 힘든 분들이 많았는데, 그 이유는 무용 안에는 내재된 치유의 힘이 있기 때문이다.

한 자매분은 집안 환경도 넉넉하고 풍요로운 반면, 우울증에 시달리고 있었다. 주변에서는 "모든 걸 가진 사람이 왜 우울증에 걸렸느냐"며 손가락질하곤 했다. 이분은 아파트 베란다에서 자살을 기도할 정도로 심한 우울증에 시달렸는데, 미술 치료도 해보고 음악 치료도 해 봤지만 어떤 것도 큰 효과가 없었던 상황에서 나에게 예배 무용을 배우게 되었다. 나는 "집에 있으면 더 많이 우울해지니 몸이라도 움직여 보라"며 무용을 권했고, 그렇게 이 자매님은 교회 무용단에 합류하게 되었다.

한 사람의 놀라운 변화

처음에는 정신과 약을 복용하면서 무용을 배우다 보니 무용을 배우다가도 금새 지치고 우울한 날은 여러 가지 핑계를 대며 연습에 나오지 않곤 했다. 불면증 때문에 잠을 설친 다음날에도 역시 연락이 닿지 않았다.

그러나 나는 인내하며 그분에게 권면해서 계속 무용을 접하게 했다. 그렇게 몇 개월이 지난 후부터 놀라운 변화가 시작되었다.

무용을 통해 찬양을 접하면서 그분은 은혜를 받기 시작했고, 이를 몸으로 표현하는 과정에서 우울증이 좋아진 것이다. 몸과 마음이 건강해지면서 신앙도 점점 성숙하여져서 교회 내에서 누구보다 봉사에 적극적으로 참여하는 성도가 되었다.

교회 무용은 평범한 사람도 거룩하게 만드는 힘이 있다.

내가 무용을 가르친 성도의 또 한 사례를 소개해 보고자 한다. 이분은 교회에 거의 나오지 않았던 사람인데 세상의 쾌락이 좋아 매일 술을 마시고 여행을 다니는 낙으로 사는 분이었다. 다른 사람 욕하는 걸 즐기는 성향으로 교회에 한 번 오면 비판을 일삼기 일쑤였다.

그러다가 목사님의 권유로 무용단 활동을 시작했고, 무용의 '무'도 몰랐던 사람인지라 매일 그만두겠다는 말을 달고 살았다. 하지만 나는 "일주일에 한 번은 꼭 무용단 연습에 나와 보세요" 하고 권유했고, 운동한다는 생각으로 계속해 보기를 권면했다.

그렇게 일주일에 한 번씩 와서 연습을 하는데 어느 날 갑자기 이분이 일주일에 한 번이 아니라 두 번씩 연습할 수는 없느냐고 한 것이다. 처음엔 운동이 목적이었던 분이 점차 시간이 지나면서 신앙을 갖게 되었고, 찬양을 하면서 몸을 움직이다 보니 마음도 움직여진 것이다.

매일 가요만 듣던 사람이 어느 날부터 집에서 배운 무용을 연습하기 위해 찬양을 듣기 시작했고, 그 찬양의 은혜로 신앙이 생긴 경우다.

한 사람을 구원한 예배 무용

그렇게 매번 예배에 적극 참여 하시던 이분은 결국 신앙이 성큼 성장해 그다음 셀 리더가 되더니 여러 부서에서 활동하며 교회에 헌신과 봉사로 모든 일에 적극 앞장서는 사람이 된 것이다.

예전에는 항상 소극적이고 세상을 비판하는 데만 관심이 있었다면, 이제는 교회 일 외에 다른 일은 관심이 아예 사라져 신앙생활에 올인하는 신앙인이 되었다.

춤으로 예배하며
건강을 되찾은 사례

...

하나님 앞에 춤으로 예배드릴 때 건강도 주신다.

나는 앞에서 대한예수교장로회 통합 교단의 전국아동부연합회에서 찬양 율동 창작 위원과 강사를 하고 있다고 소개한 바 있다. 일 년에 두 차례 어린이 찬양을 선곡하고 율동을 안무하여 전국으로 교사 강습회에 가서 강의를 하고 있다.

이 강의에서 한 번도 빼놓지 않고 하는 멘트가 있는데 하나님 앞에 춤추는 자들이 받는 세 가지 복이 있다.

첫째는 교사들이 교회 학교에서 어린이들에게 율동을 가르치기 위해 늘 찬양을 부르다 보니 입술에서 찬양이 끊이지 않고 즐거움과 기쁨이 생겨나며, 하나님과 동행하는 신앙 고백이 이루어지니 영이 건강하여지고 감사한 삶을 살게 된다.

둘째는 몸이 건강해진다는 것이다.

30분만 찬양을 틀어 놓고 율동을 해 보라고 말한다.

온몸이 땀에 젖을 것이다. 율동이 쉬워 보이지만 굉장한 운동 효과를 가지고 있다. 머리끝부터 발끝까지 사용하다 보니 유산소 운동과 필라테스, 요가와 같은 스트레칭의 효과와

복근 운동까지 효과를 볼 수 있다. 내가 섬기는 교회에서 추수 감사절 행사로 안수집사회 율동 발표가 있어 가르치고 연습을 시킨 적이 있었다. 처음에는 안수집사님들이 이것쯤이야 하시더니 두 번째부터는 땀을 흘리기 시작하고 20분 만에 다들 연습실 바닥에 누워 버리는 것이다.

예배 무용의 운동 효과

이구동성으로 하시는 말씀이 율동 우습게 봤는데 이렇게 운동 효과가 큰지 몰랐다고 하신다. 집에서 연습해 오시라고 말씀드리고 다음 연습 시간에 만났는데 어느 안수집사님은 집에서 한 시간 연습 시간에 만보기가 만 보를 찍었다고 말씀하시고 오십견이 나았다고 말씀하시는 분도 계셨다.

이처럼 다양한 모습으로 건강에 도움을 받은 간증을 들은 경험이 있다.

세 번째는 치매 예방에 아주 탁월한 효과가 있다.

KBS 9시 뉴스에도 나온 바 있듯 우리의 몸은 음악을 들으며 춤을 출 때 신경 전달 물질인 도파민이 분비된다고 한다.

이 물질은 신경을 지배하기 때문에 치매나 알츠하이머, 파킨슨병과 같이 뇌와 관련된 질병에 예방과 치료의 탁월한 효능을 보인다는 것이다. 미국에서는 춤을 이런 병의 치료에 적극적으로 적용하여 사용하고 있다.

교회에서 무용은 남녀노소 누구나 배울 수 있으며 몸을 움직이고 음악에 맞추어 춤을 출 때 정서가 풍부해지고 영성과 신앙이 회복되는 데 크게 도움이 된다. 또한 예배 무용은 복음을 전파하는 기능뿐만 아니라 육체적, 정신적으로 병든 현대인들을 치유하고 회복시키는 역할까지 감당할 수 있다.

이외에도 교회의 자치 기관에서 기독교 무용을 배우고 어르신들이 신앙을 갖게 된 경우, 삶이 긍정적으로 바뀐 경우 등 기독교 무용의 효과는 이루 말할 수가 없다. 이 글을 읽는 독자분도 무용을 통하여 이런 놀라운 경험을 하시기 바란다.

현재 한국 예배 문화에
꼭 필요한 변화

...

경기도 소재의 A교회에서 있었던 일화이다. 담임 목사님
의 요구로 교회에 무용단을 만들게 되었다. 무용 지도자는
연습실에 전면 거울 설치를 건의했고 목사님께 교회가 무용
이나 하는 곳이냐는 불편한 말을 들어야 했다. 재정이 어려
운 교회도 아니고 공간이 없는 교회도 아니었다. 무용단을
만들었으면 할 수 있는 여건을 교회가 제공해 주어야 한다고
생각한다.

악기 없이 연습을 하라니…

그러면 교회가 피아노 치는 곳인가, 드럼을 치는 곳인가.
무용은 특성상 반드시 거울이 필요하다. 모형 악기로 연습할
수 없듯이 제자리에서 가만히 서서 노래하는 것이 아닌, 공
간 이동을 해야 하는 무용은 전면 거울이 반드시 필요하다.
거울은 자신의 동작을 점검하고 연습할 수 있는 유일한 방법

이기 때문이다.

예배에 부름을 받고 예술 행위를 하기 위해 예술가는 최선을 다하여 연습하고 최고의 찬양 행위로 하나님께 올려 드려야 한다. 그러기 위해서 교회가 예술가들에게 필요한 것들을 마땅히 제공해야 된다. 목사님들께 정중하고 간곡하게 부탁드린다. 대충대충 보여 주기식 예술 행위가 아닌 진정으로 하나님께 받은 바 은사대로 찬양과 경배를 드릴 수 있도록 예술가를 도와주시길 다시 한 번 간곡히 부탁드린다.

현재 중대형 교회는 예배뿐만 아니라 여러 가지 공연이 가능하도록 건축하는 경우가 많다. 지하에 공연장을 만들어 교회 행사를 하고 지역 주민을 위해 저렴하게 대관을 해 주어 연주회, 합창, 연극, 무용 등의 공연을 한다. 미자립이나 개척 교회를 제외하곤 대부분의 교회에 무용단, 찬양단을 가지고 있다.

시대적 요구에 부응하는 예배 문화 공간이 필요

나는 예배 무용을 하러 많은 교회에 초청을 받아 간다. 교회 규모를 막론하고 예배 무용을 필요로 하는 곳이면 초청에 응한다. 어떤 교회는 규모는 작지만 설교 단상을 예술가들에게 내어 주어 회중과 함께 은혜를 나누게 하고, 또 어떤 교회는 설교 단상 아래 조금 낮은 곳에 무대 형식으로 단을 높여 만들어 그곳에서 예술 행위를 하게 하고 있다.

이나마 후자는 좋은 경우이다. 어떤 교회는 규모가 큰 대형 교회임에도 예술가들에게 전혀 자리를 내어 주지 않는다. 맨바닥에서 찬양을 부르고 무용을 하게 한다.

또 하나의 사례로 교사 강습회에서 생긴 일화이다. 찬양 율동을 배우려면 강사의 머리부터 발까지 전부 보여야 하는데 장소를 제공한 교회의 담임 목사님께서 강대상에 올라가는 것을 허락지 않으셨다. 부득이하게 앞, 뒤로 뛸 수도 없는 낮고 협소한 공간에서 강의를 진행할 수밖에 없었는데, 한 곡이 채 끝나기도 전에 강사의 동작이 보이지 않는다고 교사들의 항의가 빗발쳤다. 어린 생명들을 위해 귀중한 시간과 물질을 들여 배우고자 모인 교사들에게 너무나 미안하고 부끄러운 마음이 들었다. 강습회를 다니다 보면 이런 일들을 종종 겪게 된다.

설교단은 가장 넓고 가장 높은 곳에 권위적으로 위치하고 있고 여러 예배 순서들은 그 아래에서만 행하도록 하고 있는 교회가 생각보다 많다. 이런 교회는 젊은 세대보다 노년층이 많은 것이 특징이다. 앞에서도 언급했듯이 문화 예술이 발전하지 못한 교회는 젊은 세대가 빠져나가기 마련이다. 현대는 시대적 요구에 발맞춰 나가는 예배 형태가 필요하기 때문이다.

한 예로 출석 교인 500명 이상의 중형 교회인 B교회에서 성탄절과 추수 감사절 행사를 하는데, 역시나 바닥에서 발표를 하게 했다. 유치부부터 장년부까지 전 연령을 막론하고 함께 드리는 축하 예배 자리였다. 유치부, 유년부 아이들의 발표 순서였는데, 작은 키의 아이들은 의자와 회중에게 가려져 머리 위만 조금 보일 뿐이었다.

그나마 볼 수 있는 건 앞에 띄워져 있는 흐린 스크린으로만 보는 것뿐이었는데, 도대체 무엇을 하고 있는 건지 알 수가 없었다. 조명도 강대상 쪽만 비추고 있어서 아래 바닥은 어둡기까지 했다. 아이들 표정은 둘째 치고 동작도 보이지 않는데 어떻게 회중이 함께 느끼고 은혜를 받을 수 있는지 의심스러웠다. 비단 어린이 발표뿐이 아니다. 성인들의 발표 또한 마찬가지였다.

이런 행사가 무슨 의미가 있을까 하는 생각이 든다. 능동적인 참여가 아니라 아예 참석 자체를 하지 않으려고 한다. 성도 스스로가 자발적으로 참여하도록 만드는 일도 교회의 몫이 아니겠는가. 이제는 세상 문화가 달라졌다. 사회는 하루에도 수없이 많은 공연들이 행해지고 있단 말이다.

교인들의 문화 수준도 가난하던 옛날과는 다르다는 걸 목회자는 인지해야 한다. 목사님들께 다시 한 번 부탁드린다. 보여 주기식 교회 문화는 버리고 예술가들에게 그에 맞는 자리를 만들어 주어 진심으로 예술가와 회중이 하나가 되어 하나님께 찬양을 드리고 영광을 돌릴 수 있길 진심으로 기도한다.

글 을   마 치 며

나는 한국적인 것에 관심이 많다. 한국의 교회 문화는 왜 한결같이 외국의 요소들로 가득한 건지, 항상 의문이었다. 여러 종교 중 기독교는 유난히 새로운 문화를 받아들이는 걸 낯설어하는 것 같다. 기독교가 앞장서서 우리 문화를 사랑하고, 우리 것을 지키고 발전시키려는 노력을 하면 좋으련만, 어쩐 일인지 우리 교회 문화는 수년째 제자리걸음만 하고 있다.

한국 교회에서 하나님을 섬기며 신앙생활을 하다 보니 자연스레 든 생각이 '한국적인 문화가 예배에 적용되면 안 될까' 이다. 이건 어려운 일도 아니다. 문화는 틀에 짜인 규칙이 있지 않기에 최소한의 느낌만 구현해도 되기 때문이다.

한국의 교회 문화는 여전히 7~80년대에 묶여 있다. '경배와 찬양'이 없었다면 현재의 한국 기독교 문화는 존재조차 하지 못했겠지만 아직도 한국의 기독교 문화가 너무나도 척박하다는 데는 이견이 없을 것이다.

나의 어린 시절 예배는 경건과 거룩만 강조하다 보니 박수

치면 안 되고 맨발로는 교회에 들어가는 게 허락되지 않았다. 당시만 해도 에어컨이 없던 시절이라 여름에는 너무나 더웠는데, 선풍기 한 대를 돌리는 예배 시간에 손부채질을 하면 권사님께 혼났던 기억이 난다.

거룩한 예배에 불경스러운 행위라는 게 이유였다. 특히 주보로 손부채질을 하는 아이들은 예배가 끝나고 권사님이 따로 불러서 혼을 낼 정도였다. 이런 정도이니 찬양에 드럼은커녕 피아노 한 대만을 갖고 예배를 드려야 하는 지극히 보수적인 문화였다.

그나마 율동이라고 하면 어린이 예배에서 율동만 가능했고, 그다음에는 성탄절이나 추수 감사절 등 특별한 때에만 율동이 허락되었다. 또 장년부들 또한 아이들 율동을 배워서 따라 하는 수준이 고작이었다.

그러는 와중에 세상은 빠르게 변하고 사회의 문화는 성큼 성큼 앞서 나갔다. 그런데 유독 교회 안에서만 문화가 제자리걸음을 하고 있었다. 그러다 보니 청소년과 청년 세대가 가장 먼저 교회를 빠져나갔다. 교회 밖 문화에 흥미진진한 것들이 그토록 많은데 당연한 일 아닐까? 피가 끓는 젊음은 호기심과 재미를 찾아 나서는 건 당연한 일이다.

그러던 중 CCM이 등장하면서 교회 안에서 랩을 하며 힙합 댄스를 추기 시작하는 흐름이 생겼고, 교회 또한 이를 수용하면서 예배 문화가 많이 달라졌다. 교회의 성장은 이처럼 교회 문화의 성장과 맞물려 있다. 돌이켜 보면 교회의 성장은 곧 교회 문화의 성장과 깊이 연관되어 있었다는 걸 알 수 있다.

하지만 그 변화의 시간을 헤아려 보면 수십 년이 걸렸다. 1~2년 만에 어느 날 확 바뀐 게 아니라는 뜻이다. 나는 기독교 무용을 모든 교회가 받아들이기까지도 역시 이 정도의 시간이 걸릴 거라고 생각한다. 거듭거듭 시도하다 보면 어느 날 교회가 달라져 있으리라 믿는다.

지금도 여러 교회에서 각 교회의 찬양 율동 리더와 무용단들에게 이론과 실기에 대한 강의를 부탁해 오고 있다. 신학대학교에서 강의만이 아니라 이제는 교회의 리더들에게도 반드시 필요한 일이 되었다.

예전에는 교회의 초청으로 예배 무용만 했었다. 그런데 이제는 소통이 있는 예배 무용으로, 특정 작품의 예배 무용을 한 뒤 안무하게 된 이유와 동작에 관한 설명으로 무용의 이해를 돕고 예배 무용은 지극히 성경적이며 결코 어려운 것이 아님을 알리는 것이 나의 신학대학교에서의 강의와 더불어 또 다른 비전이 되었다. 또 현재 내가 섬기는 교회처럼 입례무와 폐회무 등이 한국 교회에서 활성화되어 예배의 풍성함과 은혜로 하나님께 영광 돌리며 아름다운 성도의 교제가 삶의 예배로 이어지길 소망한다.

예배는 인간이 하나님께 드릴 수 있는 가장 아름다운 모습이 되어야 한다.

예술가는 회중의 갈채, 회중의 말 한마디에 하나님이 주신 사명감을 잃지 않도록 목회자의 관심과 전문가의 지도 아래 예배 무용이 하나님께 영광 돌리며 회중에게 덕을 끼치는 아름다운 무용이 되길 소망하며 기도한다.

참 고 문 헌

〈문화의 신학〉 대한기독교서회, 2015

〈예술이 마음을 움직입니다〉 ㈜대성, 2014

〈예술과 기독교〉 한국기독학생회출판부, 2002

〈예배와 예술〉 쿰란출판사, 2014

〈그리스도와 문화〉 대한기독교서회, 2007

〈예배와 현대 문화〉 대한기독교서회, 2005

〈예배가 보인다 감동을 누린다〉 예영커뮤니케이션, 2004

〈행동하는 예술〉 한국기독학생회출판부, 2010

〈문화 목회를 말한다〉 대한기독교서회, 2017

〈기독교 문화와 한국 문화〉 예영커뮤니케이션, 2008

〈문화와 신학〉 한국문화신학회, 2009

〈기독교 무용사〉 한성대학교출판부, 2005

〈예술과 신학〉 도서출판 한글, 2002

〈교회사역에서의 기독교 무용 활성화 방안 연구〉
    서울장신대, 최지연 박사 논문

〈기독교 무용의 가치 인식 변화에 따른 공연 활성화 방안 연구〉

　　경기대, 최지연 석사 논문

〈몸으로 드리는 예배〉 한국기독공보, 2015